BEI GRIN MACHT SICH IHR WISSEN BEZAHLT

D1726519

- Wir veröffentlichen Ihre Hausarbeit,
  Bachelor- und Masterarbeit

- Ihr eigenes eBook und Buch -
  weltweit in allen wichtigen Shops

- Verdienen Sie an jedem Verkauf

Jetzt bei www.GRIN.com hochladen und kostenlos publizieren

GRIN

Bibliografische Information der Deutschen Nationalbibliothek:

Die Deutsche Bibliothek verzeichnet diese Publikation in der Deutschen National-bibliografie; detaillierte bibliografische Daten sind im Internet über http://dnb.d-nb.de/ abrufbar.

Impressum:

Copyright © 2016 GRIN Verlag, Open Publishing GmbH
Druck und Bindung: Books on Demand GmbH, Norderstedt Germany
ISBN: 9783656985600

Dieses Buch bei GRIN:

http://www.grin.com/de/e-book/336985/die-zukunftschancen-des-esports-hat-esports-potential-sich-als-zuschauersport

Nina Rühl

Die Zukunftschancen des eSports. Hat eSports Potential sich als Zuschauersport in Deutschland zu etablieren?

GRIN Verlag

GRIN - Your knowledge has value

Der GRIN Verlag publiziert seit 1998 wissenschaftliche Arbeiten von Studenten, Hochschullehrern und anderen Akademikern als eBook und gedrucktes Buch. Die Verlagswebsite www.grin.com ist die ideale Plattform zur Veröffentlichung von Hausarbeiten, Abschlussarbeiten, wissenschaftlichen Aufsätzen, Dissertationen und Fachbüchern.

Besuchen Sie uns im Internet:

http://www.grin.com/

http://www.facebook.com/grincom

http://www.twitter.com/grin_com

Fakultät Medien

BACHELORARBEIT

Zukunftschancen des eSports

Autor:
Nina Fee Rühl

Studiengang:
Angewandte Medien

Seminargruppe:
AM13wS4-B

Einreichung:
Mannheim, 07.06.2016

Abstract

Das Ziel der vorliegenden Arbeit ist es, das Potential zur Etablierung von eSports als Zuschauersport in Deutschland zu analysieren. Dazu werden neben wissenschaftlichen Sekundäranalysen zahlreiche Expertenmeinungen aus unterschiedlichen Bereichen zu der Thematik gegenübergestellt und ausgewertet. Die Ergebnisse bestätigen größten Teils, dass eSports, aufgrund des enorm schnellen Wachstums an Interessenten und Sympathisanten, ein überaus großes Potential aufweist, sich als Zuschauersport auf dem deutschen Sportmarkt einzugliedern. Doch auch wenn die Basis der positiven Nachfrage ein starkes Fundament zum Aufstieg des elektronischen Sports auf dem deutschen Sportmarkt bietet, so stellt sich die Frage, welche Maßnahmen ergriffen werden müssten, um eine Eingliederung sinnvoll und nachhaltig zu gestalten.

Schlüsselbegriffe: eSports, Computerspiele, Videospiele, Sport, Fußball, Medien, Professionalisierung, Zuschauersport, Zukunftssport

Inhaltsverzeichnis

Abkürzungsverzeichnis

BIU   Bundesverband Interaktive Unterhaltungssoftware

DOSB   Der Deutsche Olympischer Sportbund

ESL   Electronic Sports League

eSports   elektronischer Sport

GfK   Gesellschaft für Konsumforschung

ICD   International Statistical Classification Of Diseases

LAN   Local Area Network

LCS   League of Legends Championships

LOL   League of Legends

MMORPG   Massivly Multiplayer Online Roleplay Game

MOBA   Multiplayer Online Battle Arena

USK   Unterhaltsungssoftware Selbstkontrolle

VR   virtuelle Realität oder virtual reality

WOW   World of Warcraft

Abbildungsverzeichnis

1 Einleitung

Mit der Einführung des High-Score-Systems in Video- und Computerspielen Anfang der achtziger Jahre ist der Startschuss für das Kräftemessen in virtuellen Welten gefallen. Auf der Basis von Taktik, Konzentration und auch Fingerfertigkeit treten die Spieler im virtuellen Wettbewerb gegen einander an. Videospiele werden nicht mehr einzig zu Zwecken der Alleinunterhaltung genutzt, sie dienen ebenso der Austragung von Wettkämpfen in unterschiedlichen Disziplinen, vom heimischen Wohnzimmer unter Freunden, bis hin zu ausverkauften Stadien auf internationaler Ebene (vgl. Nezik 2016, 85).

eSports nennt sich dieses Phänomen, das die Wandlung vom Medium für den Zeitvertreib zur sportähnlichen Disziplin beschreibt. In Amerika und Asien konnte sich diese vermeintliche Sportart bereits etablieren und einen festen Platz auf dem Sportmarkt der Länder gewinnen. In Deutschland dagegen wird derzeit noch über den Status von eSports diskutiert. Bis jetzt ist noch nicht geklärt, ob es sich dabei überhaupt um eine Sportart handelt. Der Deutsche Olympische Sportbund, auch als DOSB abgekürzt, hat sich bisher geweigert eSports als sportliche Disziplin anzuerkennen, da seine Eigenschaften nicht mit den Aufnahmeanforderungen des DOSB übereinstimmen (vgl. DOSB 2016). Ungeachtet dessen, ob eSports in Deutschland als Sport bezeichnet werden darf, distanziert sich dieses Feld im Laufe der letzten 20 Jahre immer stärker von seinem Subkulturstatus und wandelt sich allmählich zu einer eigenständigen Branche.

Mit der fundamentalen Grundidee, ein Computerspiel mit Freunden gemeinsam spielen zu wollen, machten sich zahlreiche Privatleute samt ihrer vollständligen Computerhardware auf den Weg, an einem vereinbarten Treffpunkt ihre persönlichen Rechner untereinander zu vernetzen um miteinander in virtuellen Welten agieren zu können. LAN-Party wird diese Aktivität genannt und zeichnet sich durch die Verknüpfung mehrerer Computer über ein lokales Netzwerk aus. Diese zunächst privaten Veranstaltungen gelten als Vorreiter heutiger eSports Turniere. Bei diesen Turnieren werden auf nationaler, sowie internationaler Ebene die besten Teams in unterschiedlichen Spielen und Disziplinen ermittelt, indem sie vor Ort im direkten Wettstreit gegeneinander antreten. Mit professionellen Teams, einer Vielzahl an Turnieren, Preisgeldern in Millionenhöhe oder einer Fangemeinde mit hunderttausenden Mitgliedern, weist die eSports Branche einige Parallelen zu Sportarten auf, die in Deutschland und auf dem Weltsportmarkt schon viele Jahre etabliert sind.

Dennoch konzentrieren sich Kritiker hauptsächlich auf eine mangelnde körperliche Ertüchtigung, sobald die Sportwürdigkeit von eSports diskutiert wird. Themen wie Spielsucht oder Realitätsverlust tragen außerdem zu einem negativen Bild über Computerspiele, virtuelle Welten und ihre Nutzer bei. Einige Experten vertreten die Meinung, bestimmte Spielgenres würden eine Steigerung des Gewaltpotentials bei ihren Konsumenten bewirken, isoliere sie von der Außenwelt und könne gar eine Verdummung begünstigen. Aufgrund von einseitiger und radikaler Betrachtung von Seiten der Befürworter und auch der Kontrahenten, gestalten sich sämtliche Diskussionen bezüglich der Bedeutung und Funktion von Video- und Computerspielen überwiegend durch Extreme, die sich auf den eSports übertragen lassen.

Ziel der vorliegenden Arbeit ist es, die Zukunftschancen des eSports als anerkannten Zuschauersport in Deutschland zu analysieren und kritisch zu würdigen. Dabei soll eine vielfältige Sichtweise auf die Thematik Computerspiele und eSports dargelegt und das vorherrschende schwarz-weiß-Denken über die Branche durchbrochen werden. In Abbildung 1 werden die zu untersuchenden Forschungsfelder dargestellt. Dabei bildet die Schnittmenge der sich überschneidenden Forschungsfelder die Forschungsfrage. Unter der Fragestellung, welches Potential eSports aufweist, sich als Zuschauersport in Deutschland etablieren zu können, soll diese Bachelorthesis Aufschluss darüber geben, in wie weit sich die Branche als Teil des deutschen Sportmarktes eignet und welche Möglichkeiten die Eingliederung dieses Geschäftsfeld für andere Branchen bieten kann. Aus diesen Ergebnissen sollen Erfolgsfaktoren und eine entsprechende Empfehlung abgeleitet werden, ob und auf welche Weise die Durchsetzung von eSports in Deutschland möglich ist, und wie diese gefördert werden sollte.

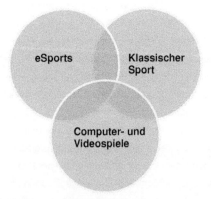

Abb.1: Forschungsfelder zur Analyse des Etablierungspotentials von eSports in Deutschland
Quelle: Eigene Darstellung.

Zu Beginn wird eine kurze Einführung zum Feld eSports und der Computerspiele-Industrie gegeben. Dabei wird die bisherige Entwicklung dieses Gebiets aufgegriffen und im Hinblick auf die aktuelle Situation näher beschrieben. Eine der größten Diskussionen wird derzeit um die Sportwürdigkeit von eSports geführt, auf diese wird ebenfalls zu Beginn der Ausführung eingegangen. Ein weiterer Punkt, mit dem sich dieser Abschnitt ausgiebig beschäftigt, stellt der vorherrschende Ruf von Computerspielen dar. Hierbei wird erläutert, wie dieses von negativen Zügen geprägte Charakterbild in der Gesellschaft entstanden ist und auf welche Weise damit umgegangen wird.

Im darauffolgenden Abschnitt werden Funktionen von Video- und Computerspielen, mittels Abwägung verschiedener Äußerungen aus dem Expertenkreis, untersucht. Es wird speziell auf die Motive der Nutzer, sowie die Effekte, die das Spielen mit sich bringt eingegangen. Mit dem Hauptaugenmerk auf soziale Prozesse in virtuellen Welten soll Zugang und Verständnis zur Faszination dieses Mediums geschaffen werden.

Mit einem der meist diskutiertesten Themen um die Computerspielbranche überhaupt befasst sich der darauffolgende Abschnitt, negative Einflüsse durch Computer- und Videospiele. Soziale Isolation, Spielsucht, Erkrankungen der Psyche oder auch Verdummung durch das Spielen am Computer oder der Konsole entpuppen sich als immer wieder aufgegriffene Diskussionen in der Gesellschaft.

Folgendes Kapitel thematisiert das allgemeine Sportmarketing. Dabei wird auf unterschiedliche Aspekte des Marketings im Sportbereich eingegangen und erläutert. Im Praxisbeispiel wird die eSports Branche mit der Fußballbranche auf unterschiedlichen Ebenen verglichen. So werden die beiden Bereiche gegenübergestellt und auf Gemeinsamkeiten wie Unterschiede untersucht. Dabei steht immer die Frage im Vordergrund, ob sich eSports als Zuschauer Sport in Deutschland etablieren kann

Das nächste Kapitel befasst sich zunächst mit der Professionalisierung von Sport allgemein und geht dann speziell auf das Feld eSports ein. Gegenstand dieses Abschnitts sind Erläuterungen der Sportorganisation durch Ligasysteme und des Aufbaus stattfindender Turniere. Einen großen Teil in dieser Sektion stellt die Einordnung von eSports in den öffentlichen Medien dar. Dabei wird unter anderem auf das Vermarktungspotenzial dieser Branche eingegangen.

Anhand eines Vergleichs zwischen einem Vertreter der eSports-Branche und der klassischen Sportbranche sollen sämtliche Eigenschaften beider Seiten gegenübergestellt werden. Diese Abwägung soll deutlich machen, ob sich beide Branchen in Bezug auf ihre Position am Sportmarkt messen können.

Abschließend wird ein Überblick der gesammelten Informationen aus vorgehenden Abschnitten erstellt. Aus den gewonnenen Erkenntnissen werden Erfolgsfaktoren zur Eingliederung der eSports Branche mit zugehörigen Handlungsempfehlungen abgeleitet. Dabei wird genau beschrieben, welche Möglichkeiten die Akzeptanz der Branche mit sich bringen kann, und wie darauf zu reagieren ist.

Aufgrund der Aktualität des Themas stützt sich der Inhalt dieser Arbeit größten Teils auf Online-Quellen. Somit soll gewährleistet sein, die neusten Äußerungen und Ereignisse zu berücksichtigen.

2 eSports

Der Name *eSports* ist eine Kurzform für den englischen Begriff electronic sports und bezeichnet „das wettbewerbsmäßige Spielen von Computer- und Videospielen" (Kopp 2016). Während sich der DOSB daran versucht eine eindeutige Definition des allgemeinen Sportbegriffs zu entwickeln, so wurde bisher kein Erläuterungsversuch für den Ausdruck eSports unternommen. Dieser Umstand sei damit begründet, dass eSports bisher keine Akzeptanz von Seiten dieses Sportbundes finden konnte. Auf der offiziellen Internetseite des DOSB wird auf eine Reihe von Anforderung aus der Aufnahmeordnung hingewiesen, die von Verbänden erfüllt sein müssen, um von der Organisation als Sportart anerkannt und aufgenommen zu werden:

- Die Ausübung der Sportart muss eine eigene, sportartbestimmende motorische Aktivität zum Ziel haben.
- Die Ausübung der eigenmotorischen Aktivitäten muss einen Selbstzweck erfüllen.
- Die Ausübung der Sportart muss unter Einhaltung bestimmter ethischer Werte geschehen (vgl. DOSB 2016).

Offensichtlich erfüllt eSports aus Sicht des DOSB diese Anforderungen nicht, doch diese Meinung über die Sportwürdigkeit dieses Feldes stellt nur eine von vielen dar. Im Gegensatz zu dieser Institution haben sich nicht nur Experten aus der Videospielbranche oder der Sportwissenschaft daran versucht eine Definition zu entwickeln. Auch Interessengruppen, die sich außerhalb des Expertenstatus befinden, diskutieren in Foren mit entsprechendem Schwerpunkt über geeignete Erklärungen des Begriffs eSports (vgl. Teamliquid 2012). Auch wenn viele verschiedene Definitionsansätze für eSports zu finden sind, so gleichen sie sich häufig in den folgenden Punkten: Es handelt sich um das Spielen von *Computer- und Videospiele spielen* im *Wettbewerb*. Dabei tritt ein Gegner gegen einen anderen an, wobei Wettkämpfe sowohl zwischen zwei *Einzelspielern,* als auch zwischen *Mannschaften,* bestehend aus mehreren Mitgliedern, ausgetragen werden können.

2.1 Situationsbetrachtung

Während sich eSports in Amerika oder Südkorea bereits einen festen Platz als Sportdisziplin sichern konnte, ist man sich in Deutschland noch immer nicht darüber einig, ob es sich denn tatsächlich um eine Sportart handelt (vgl. Reuter 2015).

Einige Speziallisten sehen den Grundgedanken von eSports in dem Interesse, sein spiele-risches Können mit dem anderer Spieler messen zu wollen. Die Entwicklung dieser Wettbewerbssituation verleihe dem simplen spielen von Video- und Computerspielen den sportlichen Charakter und forme spielerische Aufgaben zu sportlichen Disziplinen.

Doch nicht nur der Wettbewerbsgedanke gestaltet positive Aspekte in der Diskussion um die Sportwürdigkeit von eSports. Viele Sympathisanten des virtuellen Wettkampfes sind davon überzeugt, dass auch beim Spielen von Video- und Computerspielen Fähigkeiten abverlangt werden, die durchaus als sportliche Betätigung gewertet werden können. Für die Leistung in der virtuellen Arena müssen sowohl die Hand-Augen-Koordination als auch die Reaktionsgeschwindigkeit ebenso trainiert und ausgebaut werden, wie die Ausdauer und Kraft eines Fußballspielers (vgl. Radio Bayern 2015). Ungeachtet der motorischen Leistung der eSportler sind sich nicht nur direkte Vertreter der Branche darüber einig, dass die mentale Anstrengung ebenso gewürdigt werden sollte wie die körperliche. So hat sich Schauspieler Jet Li in den chinesischen Medien zu Gunsten der eSportler und ihrer Leistungen geäußert. Seiner Meinung nach eSportler vollbringen eine ähnlich hohe mentale Leistung, wie Teilnehmer anderer mentaler Sportarten, wie Schach oder Poker (vgl. MMO Culture 2013).

Auch wenn der DOSB eSports bisher nicht in den Bund aufgenommen hat, so entwickelt sich die Branche stetig weiter. Es geht aus einer Umfrage des BIU von 2015 das Ergebnis hervor, dass bereits 22% der Internetbenutzer in Deutschland wissen, was sich hinter dem Begriff eSports verbirgt. Des Weiteren prognostiziert ein Marktforschungsinstitut 145 Millionen eSports Enthusiasten auf der ganzen Welt für das Jahr 2017. Hinzu kommt, dass 40% aller eSports-Fans, die kompetitiven eSports über ein Livestream-Angebote im Internet verfolgen, selbst keine aktiven Spieler sind. Diese Entwicklung spricht für ein wachsendes Potential von eSports sich als Zuschauersport etablieren zu können (vgl. ENPE Media 2015b).

Ohne die Etablierung des Internets in privaten Haushalten hätte eSports vermutlich keine Chance gehabt sich zu einer eigenständigen Branche zu entwickeln. Das Internet bietet die optimalen Voraussetzung Interessenten auf der ganzen Welt über aktuelle Ereignisse zu informieren und sie an diesen teilhaben zu lassen. Somit konnte sich auch der Grundgedanke von eSports nur durch das Internet realisieren, indem eine weltweite Vernetzung ermöglicht wird.

Mit der Weiterentwicklung zum Web 2.0 wird es möglich gemacht, dass sich Internetnutzer nicht nur informieren, sondern auch aktiv an der Gestaltung von Inhalten mitwirken können (vgl. Baur 2013, 7-10). Mit der Erschaffung sozialer Netzwerke können sich die eSports Mannschaften und Vereine, im Fachjargon auch Clans genannt, aktiv selbst vermarkten und so bilden sich ganze Gemeinschaften um die Teams und das gesamte eSports Feld herum. Dieses Gemeinschaftswachstum kann beispielhaft am Facebook-Profil des erfolgreichen eSports-Clans aus Köln, SK Gaming, gezeigt werden. Mit über 550.000 Gefällt-mir Angaben schlägt diese Organisation die Fußballmannschaft Eintracht Frankfurt, die bisher ca. 540.000 Gefällt-mir Angaben auf Facebook vorweisen kann (vgl. SK Gaming Facebook; vgl. Eintracht Frankfurt Facebook). Auch wenn es sich bei diesen Angaben nur um die Gemeinschaft in einem sozialen Netzwerk handelt, kann von einem starken Interesse in der entsprechenden Nutzungsgruppe ausgegangen werden. Bisher wurden eSports Wettkämpfe hauptsächlich über Live-Streams im Internet übertragen. Dabei handelt es sich um Übertragungen von Videoinhalten in Echtzeit. Zur Bedeutung dieser Medienform wird in Kapitel 6 näher auf das Thema Streaming und der Position von eSports in den Medien eingegangen.

Zusammenfassend lässt sich sagen, dass sich eSports, auch ohne eindeutige Sportzugehörigkeit in Deutschland, zu einer eigenständigen Branche gewandelt hat. Auf einigen Online-Plattformen wurden spezielle Kategorien erstellt, die immer wieder über Neuigkeiten aus dem eSports berichten (vgl. Sport1 2016). Auch wenn sich die Übertragungen von eSports Events und Wettstreits bisher auf die Nutzung von Online-Streams konzentriert, so kann ein wachsendes Interesse seitens der Zielgruppe, wie auch der Medienvertreter bestätigt werden. In folgender Tabelle wird der bisherige Kenntnisstand aus diesem Kapitel über die Stärken und Schwächen des eSports in Deutschland zusammengefasst.

Stärken	Schwächen
- kostengünstige Ausstrahlung durch Streams	- Bekanntheit
	- Image
- in Zielgruppe etabliert	- bisher nur geringe Unterstützung der Medien
- umsatzstarke Branche	
- sportähnliche Elemente	- mangelnde Akzeptanz in der Gesellschaft
- nachhaltige Fanstreue	- keine Anerkennung vom DOSB
- crossmedial	- internetgebunden

Abb.2: Überblick der Stärken und Schwächer der eSports-Branche in der Gegenwart
Quelle: Eigene Darstellung in Anlehnung an ENPE Media2015b.

2.2 Computerspiele-Industrie

Vom ersten funktionsfähigen Digitalrechner aus dem Jahre 1941, über Videospiele auf Automaten, sog. Arcade Spielen in Spielhallen und auf Heimkonsolen, bis hin zu den ersten Heimcomputern und den frühesten Spielen, die man auf diesen Geräten spielen konnte, sind nicht mehr als vierzig Jahre vergangen. Die Heimcomputer hielten zu Beginn der achtziger Jahre Einzug in die Haushalte der Bevölkerung und entwickelten sich in den folgenden Jahren schnell weiter (vgl. Forster 2015, 50). Dadurch wurden die Möglichkeiten der Computerspielgestaltung ebenfalls ausgebaut. Allerdings war der Fortschritt der Computertechnik der Entwicklung der zugehörigen Computerspiele weit voraus. In Folge dessen entwickelten zahlreiche Benutzer ihre eigenen programmierten Spiele. Diese Programmcodes wurden teilweise an Computerfachzeitschriften gesendet und somit veröffentlicht. Viele Firmen boten diesen privaten Entwicklern ihre Arbeiten zu kaufen, allerdings erhielten die Jungentwickler meist nur sehr wenig Geld dafür (vgl. Oliver/Oliver 2016a).

Richard und David Darling gehörten ebenfalls zur Generation dieser privaten Programmierer und sie beschlossen den Verkauf ihrer Spiele selbst in die Hand zu nehmen, um einer Ausbeutung durch bestehende Firmen zu entgehen. Somit gründeten sie im Jahr 1984 die Firma Code Masters. Sie trafen im Jahr darauf auf ein anderes Geschwisterpaar, Andrew und Philipp Oliver, das sich ebenfalls aktiv in der Szene der Jungentwickler befand. Code Masters bot den beiden 10.000 Pfund für die Entwicklung eines Spiels, das den Namen Super Robin Hood tragen sollte. Es wurde 1986 veröffentlicht und hunderttausendfach verkauft (vgl. Oliver/Oliver 2016b). Dieses Spiel war das erste seiner Art, das sich durch eine Erzählstruktur mit weitaus mehr Tiefgang auszeichnete, als die Arcade Spielautomaten in Spielhallen, die dem Spieler lediglich für wenige Minuten rasanten Spielspaß boten. Aufgrund der im Spiel enthaltenen Geschichte entwickelt sich ein länger andauerndes Spielvergnügen, als an einem Automaten.

Im 21. Jahrhundert haben sich Video- und Computerspiele vollständig in der Gesellschaft etabliert. Laut einer Studie aus dem Jahr 2015 der *Entertainment Software Association*, die Gesellschaft der amerikanischen Videospiele-Industrie, spielen 155 Mio. Amerikaner Videospiele, das entspricht ungefähr der Hälfte der amerikanischen Bevölkerung (vgl. ESA 2015). Eine Umfrage der BIU aus dem Jahr 2014 hat ergeben, dass bereits 46 % der Deutschen gelegentlich bis regelmäßig ihre Freizeit zum Spielen von Video- und Computerspielen nutzen, das entspreche einer Steigerung von 9% im Vergleich zum Vorjahr (vgl. BIU 2014).

Dadurch, dass nahezu die Hälfte der deutschen Bevölkerung Computer- und Videospiele nutzt ist bewiesen, dass digitale Spiele längst zum Massenmedium geworden sind. „Sie fesseln immer mehr Menschen mit guten Geschichten und interaktiven Inhalten" (Schenk in: BIU 2014).

Das Interesse der Deutschen für digitale Unterhaltungsmedien spiegelt sich ebenfalls in einer Umfrage aus dem Jahr 2015 wieder. Laut der Gesellschaft für Konsumforschung zählten für die Deutschen Tablets, Computer und Konsolen im Jahr 2015 zu den beliebtesten Weihnachtsgeschenken. 15 % der Internetnutzer in Deutschland wollten Unterhaltungselektronik verschenken, das entspricht jedem siebten und damit acht Millionen Menschen insgesamt. (vgl. BIU 2015a).

Mit einem Umsatz von 2,7 Milliarden Euro konnte die Computerspiele-Industrie im Jahr 2015 sogar die 1. Fußball Bundesliga in Deutschland, die 2,62 Milliarden Euro umsetzte, überholen (vgl. Bundesliga 2016; vgl. Martin-Jung/Tanriverdi/Huber 2015). Sachverständige vermuten, dass sich dieses Feld gerade wieder einmal im Wandel befindet und in den nächsten Jahren noch weiter anwachsen wird (vgl. BIU 2015b).

3 Funktion von Video- und Computerspielen

Die Grundfunktion eines jeden Spiels ist die Wirklichkeit modellhaft nach zu gestalten - man tut so als ob. Auf Basis dieser fiktiven Wirklichkeit können Erfahrungen für die reale Welt gesammelt werden. So lernen z.b. auch Tiere im Spiel ihr Sozialverhalten zu entwickeln (vgl. Huizinga 2015, 10).

Welten in digitalen Spielen gestalten sich ebenfalls durch die Simulation einer Realität, die Situationen und Ereignisse für den Nutzer bereithält. Diese Nachahmung einer Wirklichkeit wird auch virtuelle Realität genannt. Video- und Computerspiele sind ihrer urtümlichen Funktion längst entwachsen. Sie dienen nicht mehr länger der Leistungsanalyse von Computern, sie werden hauptsächlich dazu entwickelt, um als Produkt für die Freizeitgestaltung zu fungieren. Ungeachtet dessen, auf welche Weise sich Präferenzen der Konsumenten in der Wahl von Videospielen unterscheiden, einige Grundfaktoren muss dieses Medium mit sich bringen um die Bedürfnisse der Verbraucher zu erfüllen. Laut McGonigal setzt sich jedes Spiel aus vier Kernelementen zusammen (vgl. Abb.3).

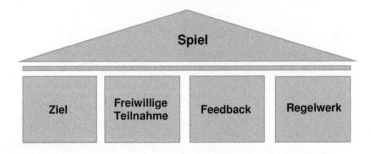

Abb.3: Kernelemente eines Spiels
Quelle: Eigene Darstellung in Anlehnung an McGonigal 2012.

Spiele brauchen mindestens ein *Ziel,* das es zu erreichen gilt. Mit dieser Zielsetzung wird der eigentliche Zweck des Spiels erst erfüllt. Durch ein festgelegtes *Regelwerk* werden die Möglichkeiten zum Erreichen des Ziels begrenzt und ein Schwierigkeitsgrad wird geschaffen. Durch diese Begrenzung ist der Spieler gezwungen kreative Lösungsansätze und eine Strategie zu entwickeln. Ein *Feedback-System* gibt dem Spieler Information darüber, wie nah er sich seinem Ziel befindet. Diese Art der Benachrichtigung soll ein kontinuierlich hohes Motivationsniveau generieren. Innerhalb des Spiels wird demnach ein Versprechen gegeben, dass ein Ziel in jedem Fall erreicht wird, nur wann und von wem ist unklar. Der

Aspekt der freiwilligen Teilnahme setzt die Akzeptanz der zuvor beschriebenen Faktoren unter den Spielern voraus. Anhand dieser Parameter wird das Fundament dafür geschaffen, mit mehreren Personen die Aktivität des Spielens gemeinsam ausführen zu können (vgl. McGonigal 2011, 33).

Motive für das Interesse eines Menschen, ein Spiel spielen zu wollen, können sehr unterschiedlich sein. Sei es zur Entspannung, zur Ablenkung vom Alltag, oder aufgrund von Ehrgeiz sich einer neuen Herausforderung stellen zu wollen. Viele Menschen nutzen virtuelle Welten um ihrer eigenen zu entfliehen. Sie sind auf der Suche nach Erfolg, um etwas zu erreichen was ihnen ihr eigenes Leben nicht bieten kann (vgl. ZDFinfo 2015, 0:23-1:01). Der Aspekt, dass eine Niederlage im Spiel keine schwerwiegenden Konsequenzen für unser reales Leben bedeutet, gestaltet ein völlig neues Ausmaß an Handlungsfreiräumen. Scheitert der Spieler, beginnt er einfach wieder von vorn.

3.1 Soziale Prozesse in virtuellen Welten

Der Begriff der virtuellen Realität, auch mit VR abgekürzt, wird häufig in Diskussionen über auf Computertechnologie basierenden Spiele- und Kommunikationswelten verwendet. Sie kann sowohl als Simulation durch Computergrafik, als auch eine auf mentaler Ebene erschaffene Welt verstanden werden (vgl. IT-Wissen 2016). Bei virtuellen Spiele- oder Kommunikationswelten handelt es sich um eine von Menschen geschaffene Ebene, die durch Illusionen und Schein einen dennoch realen Einfluss auf den Benutzer hat (vgl. Geisler 2009, 20).

Hat sich ein Spieler z.B. in die virtuelle Welt eines Mehrspieler Online-Rollen-Spiels, ein sog. Massivly Multiplayer Online Roleplay Game, kurz MMORPG, begeben, so wird er nicht selten auf Spielerverbände, sog. Clans stoßen. „In diesen relativ freien Räumen können sich womöglich Gruppendynamiken, soziale Strukturen, neue Formen des Lernens und neue Kommunikationsweisen entwickeln" (Geisler 2009, 15). Bei diesen Gruppierungen handelt es sich um Zusammenschlüsse von mehreren Spielern zu einer Spielegemeinschaft. Die Funktion eines solchen Bündnisses kann durchaus mit der einer Sportmannschaft in einem Verein verglichen werden (vgl. Kapitel 6).

Der Begriff *Clan* wurde bereits Jahre zuvor von schottischen Stammesmitgliedern verwendet und betitelt eine Gruppe, die sich aufgrund von gemeinsamen Interessen oder Verwandtschaftsbeziehungen zusammengefunden hat. Der Clan in digitalen Spielen stellt eine

Organisationsstruktur dar und fungiert hauptsächlich als soziales Netzwerk. Zu unterscheiden sind drei Hauptkategorien von Clans:

- Fun-Clans: Für diese Spielegemeinschaft steht der Spielspaß, sowie soziale Interaktion im Vordergrund.

- Semi-professionelle Clans: Diese Gruppe hat sowohl Interesse an Spielspaß in der Gemeinschaft, als auch an der Wettbewerbssituation mit anderen Clans.

- Pro-Gamer Clans: Diese Zusammenschlüsse verfolgen das Ziel im Wettbewerb mit anderen Clans möglichst erfolgreich zu sein. Zu vergleichen ist diese Erscheinung mit dem Zusammenschluss von Personen zu einer Mannschaft z.B. im Sportbereich. Finanziert werden Pro-Gamer Clans von Sponsoren (vgl. Breuer 2011, 20).

Bereits im Jahr 2013 wird in einer wissenschaftlichen Arbeit zum Thema eSports eine Schätzung von über 400.000 Clans mit 1,5 – 2 Millionen Mitgliedern allein in Deutschland berichtet (vgl. Barilla 2013, 20). Eine aktualisierte Schätzung konnte nicht gefunden werden. Experten sind der Meinung, dass durch die Schaffung von virtuellen Gruppierungen neue Sozialräume entstehen. Diese stehen in intensiver Korrelation zu sozialen Gruppen, Gemeinschaften, Kulturen und Gesellschaften der realen Wirklichkeit (vgl. Geissler 2009, 15f.). Es besteht die Vermutung, dass sich aus den Prozessen innerhalb virtueller Gruppen, ebenso Prozesse für die wirkliche Welt entwickeln können, wie z.B. Freundschaften oder gemeinsame Aktivitäten außerhalb der virtuellen Realität.

Soziale Prozesse zählen für viele Spieler zum Hauptkriterium in Multiplayer-Games wie z.B. World of Warcraft, kurz WOW, aktiv zu sein. Teilweise sind Aufgaben im Spiel alleine nicht zu bewältigen und Spieler werden nahezu gezwungen mit einander zu interagieren. Aufgrund dieser Bedingung, könnten soziale Kompetenzen als gefördert betrachtet werden. Durch die interaktive Beteiligung der Nutzer am Medium selbst lässt sich die Faszination für virtuelle Welten in Video und Computerspielen herleiten. Der Nutzer ist integriert, er bestimmt wie die Geschichte verläuft und hat Einfluss auf seine Mitspieler. Diese Möglichkeiten werden Verbrauchern weder in Büchern, noch in Film oder Fernsehen geboten.

In Form von Video- und Computerspielen locken virtuelle Welten mit intensiv ausgearbeiteten Details, intelligenten Geschichten und fantasievoller Gestaltung. Durch eine stetige

Weiterentwicklung im Bereich Grafikdesign wird versucht, eine möglichst realitätsnahe Aufmachung des Spiels zu generieren. Auf diese Weise entsteht der Eindruck, dass die Grenzen zwischen der virtuellen und der realen Wirklichkeit immer stärker verblendet werden sollen. In Japan ist unter dem Motto dieser Grenzverblendung ein Trend besonders beliebt: Cosplay.

Der Begriff Cosplay setzt sich aus den beiden Worten Costume und Play zusammen und kann als Kostümspiel übersetzt werden. Beim Cosplay geht es darum, einen bestimmten Charakter aus einer fiktiven Welt zu imitieren. Diese Person kann aus Filmen, Büchern oder eben Video- und Computerspielen stammen. Besonders auffällig ist der Ehrgeiz der sog. Cosplayer, seinen gewählten Charakter so naturgetreu wie nur möglich nachzuahmen. Cosplay definiert sich zu einem großen Teil über die eigene Handwerkskunst in der Anfertigung der Kostümierung (vgl. ZDFkultur 2013, 0:07-1:40). Je ähnlicher die Kostümierung dem Original ist, desto mehr Anerkennung ernten Cosplayer in der Szene. Dabei kommt es ganz besonders auf die Detailtreue an, die sich nicht nur in den Kleidungsstücken, sondern auch in der Gestaltung des Make-Ups und der Frisur wiederfindet. Für Cosplayer finden mehrmals im Jahr spezielle Veranstaltungen statt, auf denen sich Mitglieder der Szene begegnen und teilweise in einer Art Kostümwettbewerb gegen einander antreten können.

Seit 2007 existiert die deutsche Cosplay Meisterschaft, auch DCM genannt, die in Kooperation mit der Frankfurter Buchmesse jährlich durchgeführt wird. Aus dem Mangel an einem einheitlichen Bewertungssystem in Kostümwettbewerben wurde die Idee für diese Meisterschaft geboren. Durch sämtliche Vorentscheidungen im Laufe eines Jahres können sich Cosplayer für die DCM qualifizieren. Auf der Frankfurter Buchmesse findet dann die Finale Entscheidung statt und es werden die deutschen Cosplay Meister gekürt (vgl. Bensonders 2010, 1:42-2:26).

Anhand dieses Beispiels kann die Auswirkung sozialer Prozesse in virtuellen Welten auf die reale Welt und ihre Nutzer abermals beobachtet werden (vgl. Cosplay 2016, 3:10-4:36). Virtuelle Welten und ihre zum Leben erweckten Gestalten werden als Inspiration gesehen. Die Idee, seinen Lieblingscharakter so lebensecht wie möglich zu imitieren, kreiert eine eigene Szene, die sich in der echten Welt auf künstlerischer Ebene messen will.

3.2 Innovation durch virtuelle Welten

Mit immer realitätsnäheren Grafikdesigns beeindrucken Computer- und Videospiele der heutigen Zeit. Doch geht die Entwicklung noch einen Schritt weiter: Virtual Reality Brillen sollen die Distanz zur virtuellen Welt weiter verblenden und das Spielen zu einem noch emotionaleren Erlebnis machen. Dabei ersetzt dieses Gerät den Bildschirm, auf dem das Spiel genutzt werden soll. Der Nutzer wird in die Ich-Perspektive hineinversetzt. Mittels speziellen Sensoren wird die Kopfbewegung des Trägers in die Interaktion im Spiel mit einbezogen. Somit soll das Erlebnis noch echter wirken, als sei der Spieler tatsächlich persönlich im Spiel vertreten. Die Idee einer solchen Brille, die Realität mit Virtualität verknüpft, ist nicht neu. Schon im Jahr 1995 brachte der Videospieleentwickler Nintendo einen Vorreiter einer solchen Brille auf den Markt. Der Nachteil dabei war, dass dieses Gerät fest auf einer gerade Ebene verankert war und nicht wie eine Normale Brille aufgesetzt werden konnte. Dementsprechend wurde dieses Modell einer VR-Brille kein großer Erfolg (vgl. Hertel 2015).

Ganz anders die VR Brillen aus der heutigen Zeit: Sie zeichnen sich durch einen flexiblen und angenehmen Tragekomfort aus und können für weit mehr Bereiche als nur einige Computerspiele genutzt werden. So werden für die Zukunft umfassende Nutzungsmöglichkeiten dieser Geräte prognostiziert. Der Europa Park in Rust setzt VR-Brillen auf der Fahrt einer speziellen Achterbahn ein. Dadurch werden auf der Fahrt unterschiedliche Szenarien, wie z.B. der Ritt auf einem Drachen, simuliert (vgl. Knoke 2015).

Es wird von der Anwendung genannter VR-Brillen im Rahmen der Digitalisierung in der Landwirtschaft berichtet. Spezielle Areale des Landwirtschaftsgebietes können über die Brillen oder spezielle Apps mit Informationen aus den Vorjahren versehen werden, um etwa den aktuellen Ertrag mit dem aus der vergangenen Zeit abzugleichen (vgl. Tönges 2016). *Augmented Reality* wird diese Technologie genannt. Es handelt sich um ein Bild der echten Realität, das über ein bestimmtes Programm um virtuelle Informationen ergänzt wird. Für den Privatgebrauch von hochmodernen VR-Brillen sollen die bereits auf dem Markt vertretenen Vorreitermodelle als Einstiegsgerät fungieren. Für einen weitaus geringeren Preis dieser Modelle sollen potentielle Kunden für hochwertigere Geräte begeistert werden und diese schließlich kaufen. Experten befürchten jedoch eine starke Segmentierung des Marktes. Eine unüberschaubare Vielfalt an VR-Produkten könnte die Branche verbraucherfeindlich gestalten (vgl. Bastian 2016). VR-Brillen weisen ein großes Potential für unterschiedlichste Branchen auf. In wie weit sie sich durchsetzen und den Alltag vieler Menschen beeinflussen werden, wird sich innerhalb der nächsten Jahre zeigen.

4 Auswirkungen von Videospielen

Sobald in der deutschen Gesellschaft das Thema Video- und Computerspiele aufkommt, wird dieses Feld häufig mit negativen Attributen in Verbindung gebracht. Spielsucht, negative Auswirkungen auf die Psyche und Isolation – Computerspiele sollen Ursachen für diese und andere Erscheinungen sein. Ganz besonders Kinder gilt es zu schützen, wenn digitale Medien in die Betrachtung der Öffentlichkeit fällt. Welche Meinungen aktuell ausgetauscht werden und wie ernst Diskussionen über Einflüsse von Videospielen zu nehmen sind, soll innerhalb dieser Passage näher betrachtet werden.

4.1 Spielsucht

Eine häufig auftretende Assoziation mit dem Feld der Videospiele betrifft den Faktor der Spielsucht. Als Sucht allgemein wird ein zwanghaftes Verlangen definiert, das eine Unzufriedenheit des Süchtigen vorübergehend lindern soll. Dieses Verlangen kann sich auf bestimmte Substanzen, aber auch Verhaltensweisen beziehen. Der Süchtige behält das Verhalten bei, auch wenn sich negative Konsequenzen daraus ergeben. Liegen folgende Bedingungen vor, kann von einer Sucht ausgegangen werden:

- Kontrollverlust
- Toleranzentwicklung
- Entzugserscheinungen
- Wiederholungszwang
- Unfähigkeit der Mäßigung (vgl. HLS 2016).

Neben der Abgrenzung der Glücksspielsucht als anerkannte Krankheit, wurde die Computerspielsucht bislang nicht als eigenständiges Krankheitsbild in die ICD-10, die international anerkannte Klassifizierung für Krankheiten, aufgenommen. Dennoch sind einige Spezialisten, besonders aus dem Bereich der Medizin, der Ansicht, dass Computer sowie Computerspiele ein hohes Suchtpotenzial aufweisen (vgl. Spitzer 2012, 266).

Menschen, die unter einer Computerspielsucht leiden, sind nicht diejenigen, für die der Spaß im Vordergrund steht, wenn sie sich mit einem Computerspiel beschäftigen. Es handelt sich um die Personen, die dem Spielen von Computerspielen einen derart hohen Stellenwert einräumen, dass sämtliche anderen Aktivitäten oder Personen davon verdrängt und folglich vernachlässigt werden. Das Spiel entwickelt sich zum neuen Lebensinhalt des

Süchtigen. Eine derartige Sucht kann ohne erkennbar vorgeschaltete Ereignisse entstehen. Betroffene leiden unter einem derartigen Kontrollverlust, dass sie in einzelnen Fällen sogar den Verlust des Arbeitsplatzes oder des Partners hinnehmen. Solche Schicksalsschläge können die Abhängigkeit vom Spiel noch weiter vertiefen, indem der Süchtige versucht seinen Verlust durch das Spiel zu kompensieren und in Folge dessen weitere Bereiche in seiner Lebensgestaltung vernachlässigt (vgl. Spektrum 2014).

4.2 Einschätzungen aus der Öffentlichkeit

Durch umfassende und immer wiederkehrende Debatten um den Suchtfaktor und die Gefahren, die von Videospielen ausgehen, haben sich in der Gesellschaft Befürworter und Kontrahenten in Bezug auf die Thematik Computerspiele zusammengefunden. Durch den Amoklauf des Robert Steinhäuser im Jahr 2002 in Erfurt, der nachweislich den Ego-Shooter Counter Strike gespielt hat, fanden Diskussionen über Jahre hinweg immer wieder Anklang in der Gesellschaft (vgl. Dittmayer 2014, 23f). Als Ego-Shooter werden Spiele bezeichnet, in denen der Nutzer die Ich-Perspektive einnimmt. Die meisten Ego-Shooter thematisieren Kampfszenarien, bei denen mit einer virtuellen Waffe auf Dinge oder Lebewesen geschossen werden muss. Während sich viele Kritiker in Bezug auf negative Einflüsse von Computerspielen auf dieses Genre und die darin enthaltene Gewaltdarstellung beziehen, melden sich auch Personen aus dem Expertenkreis der Computerspiele-Industrie und der Medizin zu Wort, die ihr Augenmerk auf positiven Einflüsse durch sämtliche Spiele beziehen und Vorwürfe der Kontrahenten dementieren.

In diesem Abschnitt wird Bezug auf drei unterschiedliche Talkrunden genommen, in denen sich Experten aus verschiedenen Bereichen zur Einschätzung digitaler Medien, und besonders Computerspielen, äußern. Es handelt sich dabei um Episoden aus der ZDF Serie Log In, die aus den Jahren 2012, 2013 und 2014 stammen. Teilnehmer der Talkrunden waren Experten aus den Bereichen Medien und Kultur, Lehramt, Medizin und Politik.

Obwohl Ego-Shooter nur ca. 4,5 % des Marktes für Computerspiele in Deutschland darstellen, so gelten sie als mit beliebtestes Spielgenre (vgl. USK 2015). Während Kontrahenten eine überproportionierte Gewaltdarstellung und eine militaristische Botschaft in diesen Spielen erkennen, schätzen Sympathisanten die Darstellung als unbedenklich ein. Vielmehr wird die Darstellung als künstlerische Auslegung von Gewalt interpretiert, die schon immer Teil der menschlichen Gesellschaft war. Abgesehen vom unterschiedlichen Verständnis der Gewaltdarstellung, geht es den Spielern nicht primär um die virtuelle Ausübung der Gewalt. (vgl. Breitlauch 2014, 13:58-15:04). Vielmehr steht das Kräftemessen mit einem

Gegner, ihn auszuspielen und sein Können unter Beweis zu stellen im Vordergrund (vgl. Siegismund 2014, 15:27-15:52).

Eine übermäßige Konfrontation mit Gewalt kann die Einschätzung des gesamten Umfeldes verändern. So wird von einem Syndrom berichtet, das den Reflex verursacht seine Umwelt in gut oder böse einzustufen (vgl. Schiffer 2014a, 15:56-16:48). Der Befund eines Langzeit-experiments, bei dem die Hirnströmungen einer Person, die Computerspiele spielt, gemessen wurden, konnte wiederum zeigen, dass das aktive Spielen von Spielen dieses Genres keine erhöhtes Aggressionspotential bewirkt. Die kann auf eine individuelle Wahrnehmung eines jeden Menschen in Bezug auf sämtliche Darstellung zurückgeführt werden. Dabei ist es unerheblich, ob besagte Darstellungen von Gewalt geprägt sind, oder nicht.

Der Einfluss durch Konfrontation mit Gewalt variiert je nach Altersgruppe. Erwachsene schätzen Gewaltdarstellungen anders ein als Kinder. Aus diesem Grund prüft die USK, die Unterhaltungssoftware Selbstkontrolle, um die 2.000 Spiele jährlich und zeichnet diese mit einem Prüfsiegel aus, dem man eine Empfehlung entnehmen kann, für welche Altersklasse das jeweilige Spiel angemessen erscheint. Dennoch spielen zahlreiche Kinder und Jugend-liche Spiele, die nicht für ihre Altersklasse zugelassen sind. Dabei haben Eltern allein dafür Sorge zu tragen, welche Spiele sie ihren Kindern zumuten, die Auszeichnung der USK fun-giert einzig als Empfehlung. Die Alterskennzeichen, die im Prüfverfahren der USK vergeben werden, sind ein wertvolles Hilfsmittel für diese Entscheidung. Sie geben jedoch keine Aus-kunft darüber, ob das Spiel für Kinder schon beherrschbar oder verständlich ist. Stattdessen garantieren die Alterskennzeichen, dass das Spiel aus Sicht des Jugendschutzes unbe-denklich ist" (vgl. USK 2016).

Computerspiele werden mit einem extrem hohen Suchtfaktor betitelt. Sie werden so konzi-piert, dass Verbraucher sich längere Zeit mit ihnen befassen, z.B. durch eine spannende Geschichte und Erfolge. Durch Emotionen werden die Nutzer an das Spiel gebunden, bis hin zur Suchtentwicklung. Suchtexperten berichten von Kindern und Jugendlichen, die zu Gunsten der Spiele Freunde, Familie und auch die Schule vernachlässigen. Diese Perso-nen kompensieren im Spiel Dinge, die ihnen ihrer Meinung das echte Leben nicht bieten kann. Das kann sich in Anerkennung und Erfolgen äußern, aber auch in der sozialen Inter-aktion mit Gleichgesinnten. Wenn Computerspiele nur als Nebensache empfunden und ge-nutzt werden, dann stellen diese keine Gefahr für den Spieler dar (vgl. Möller 2014, 25:37-26:12).

Gefördert wird das Suchtpotential besonders durch das Geschäftsmodell free-to-play, das Angebot bestimmte Spiele kostenlos nutzen zu können. Es wird allerdings die Möglichkeit geboten, gegen Bezahlung hochwertigere Gegenstände im Spiel zu kaufen, um z.B. seinen Avatar in einem MMORPG besser ausrüsten zu können und damit auch erfolgreicher zu werden. Durch dieses Modell findet das Prinzip des Gruppenzwangs leicht Anwendung, denn rüsten andere Spieler auf, müssen sich andere anpassen um mithalten zu können (vgl. Schiffer 2014b, 28:30-28:57). Es besteht die Meinung, dass der Nutzer unterschätzt wird und nicht ohne weiteres sein Geld gegen virtuelle Güter tauschen wird. Wird das System zu stark ausgereizt und die Ungleichheit zwischen denen, die sich gegen Bezahlung aufrüsten und denen, die das Spiel weiterhin kostenlos nutzen möchten, zu groß, dann wird aus dem free-to-play schnell ein pay-to-win Modell. Dabei schwindet die Gewinnchance, je weniger in virtuelle Güter zur Aufrüstung der gewählten Spielfigur investiert wird. Laut Einschätzungen sorgt dieses Modell für großen Frust und ein Spiel, das sich nach diesem Modell aufbaut kann mit keinem langfristigen Erfolg rechnen (vgl. ZDFinfo 2014, 26:57-27:55).

Die Sorge, dass Kinder und Jugendliche vor dem PC vereinsamen, teilen viele Eltern. Soziale Interaktionen werden durch Computerspiele vernachlässigt. Diese Aussage wird in der Diskussion von Befürwortern von Videospielen dementiert. Gewisse Spielgenres, wie MMORPGs, sind sogar darauf ausgelegt, um mit seinen Mitspielern intensiv zu kommunizieren. Obwohl diese Kommunikation über technische Hilfsmittel verläuft, ist sie dennoch real und teilweise ausgeprägt. Des Weiteren werden mögliche Einflüsse auf die Fähigkeiten, sowie die Bildung von Computerspielenutzern diskutiert. Gegner dieses Unterhaltungsmediums vertreten teilweise die Ansicht, dass der Verbraucher beim Spielen eines Computerspiels keine Möglichkeit hat seine Sprachkompetenz zu nutzen, geschweige denn zu entfalten. Kommunikation im Spiel findet ausschließlich auf der Basis von Teilsätzen statt. Die Gegenseite dementiert diese Äußerung und vertritt die Meinung, dass sich qualitativ gute Spiele dadurch auszeichnen, sämtliche kognitive und auch verbale Fähigkeiten ebenfalls zu fordern und teilweise auch zu fördern (vgl. Mundt 2013, 9:06-9:58). Wichtig dabei ist es zu beachten, um welches Spielgenre es sich handelt. Sofern sich ein Spieler allein durch virtuelle Welten bewegt, erhält er weniger Gelegenheit zu kommunizieren als wenn er mit anderen Nutzern gemeinsam spielt. Andererseits existieren Spiele, die eine Fülle an Inhalt in Form von Texten für den Spieler bereitstellen. Somit ist der Nutzer in diesen Genres dazu angehalten viel zu lesen. Laut der Pisa-Studie 2013 schneiden Deutsche im Alter von 16-26 Jahren deutlich besser in einem Test zur Überprüfung der Lesekompetenz ab, als ältere Bürger. Dies kann damit begründet werden, dass die Schulzeit dieser Altersgruppe noch nicht so weit zurückliegt und sie deshalb in einem derartigen Test besser abschneiden. Die Möglichkeit, dass auch durch das häufige Nutzen leseintensiver Computerspiele eine positive Förderung der Lesekompetenz bezweckt werden kann erkennen einige Kontrahenten nicht an (vgl. Denk 2013, 10:20-10:24).

Neben den häufig in öffentlichen Diskussionen behandelten Online-Rollen-Spielen existiert eine andere Gattung der Spiele, die bewusst eine Änderung der Hirnstrukturen ihrer Nutzer bewirken soll, sog. *Serious Games*. Bei dieser Spielekategorie handelt es sich um ein Medium, dessen Zweck darin besteht einen nachhaltigen Lerneffekt zu erzielen. Studien belegen, dass Spiele auf vielfältige Art und Weise die Gehirnstruktur bei Regelmäßiger Nutzung beeinflussen können (vgl. Gallinat 2012, 0:15-1:55). Diese Auswirkung soll in Serious Games genutzt werden, um die Möglichkeit zu schaffen spielerisch einen Lerneffekt zu bekommen. Es existieren unterschiedliche Ausführungen, um verschiedene Kompetenzen und Fähigkeiten zu schulen. Neben der Verbesserung von sprachlichen, mathematischen oder analytischen Fähigkeiten, werden optionale Spiele entwickelt, um spezifische Kompetenzen für bestimmte Berufsbilder zu erlangen. Durch die Kopplung von Informationen durch Emotionen kann der Nutzer gegebene Inhalte, im Vergleich zu herkömmlichen Lernmethoden, besser aufnehmen und das gelernte Wissen schneller wieder abrufen und dadurch anwenden. Neben spezifischen Spielen für den Beruf, in denen ganz bestimmte Szenarien virtuell dargestellt und trainiert werden, existieren Spiele, die bewusst die Gesundheit seiner Nutzer verbessern bzw. erhalten sollen. Als Health Games wird diese Spielegattung betitelt. Mit dem Spielesystem *Memore* entwickelt das Startup-Unternehmen *Retrobrain* aus Hamburg Videospiele, die Demenzpatienten helfen sollen, ihr Gedächtnis zu schulen. Diese Spiele sollen Patienten zur Bewegung und zum Training ihres Denkvermögens motivieren, aktiv den Kontakt zu anderen Patienten herstellen und, wie andere Videospiele auch, Unterhaltung bieten (vgl. Grülling/Schäfer 2016).

Im Hinblick auf mögliche Einflüsse durch digitale Medien werden Computerspiele ganz besonders kritisch betrachtet. Nach Gegenüberstellung unterschiedlicher Aspekte und Meinungsäußerungen in der Öffentlichkeit zu genannter Thematik, soll ein Fazit die Ergebnisse abschließend zusammenfassen. Obgleich Diskussionen um die Wirkung von Computerspielen seit vielen Jahren immer wieder neu aufgegriffen werden, so ist bislang kaum ein signifikanter Unterschied in der Meinungsvertretung zu beobachten. Kontrahenten sind weiterhin der Meinung, dass Computerspiele durch Gewaltdarstellungen negative Einflüsse auf seine Nutzer ausüben. Vertreter dieser Gattung stellen die Thematisierung der Gewalt in den Hintergrund und weisen auf positive Effekte in Bezug auf die Entwicklung kognitiver Fähigkeiten der Nutzer hin.

Das Image von Computerspielen ist mit negativen Aspekten behaftet, da lange eine einseitige Berichterstattung in den Medien stattgefunden hat (vgl. Geisler 2009, 15). Die Möglichkeit, Interessenvertreter beider Seiten in Talkrunden zu Wort kommen zu lassen, könnte auf lange Sicht einen Image-Wandel nach sich ziehen. Die Junge Generation betrachtet Computerspiele häufig nicht als potentielle Gefahr, sie ergreifen Partei für die Vertreter der Computerspiele Branche und verweisen auf eigene Erfahrungen, ohne bekannte Folgen der Sucht oder Krankheit. Über die Relevanz der Beachtung des USK-Hinweises und die Kontrolle Minderjähriger durch einen Vormund, sind sich beide Parteien einig. Dass sich Computerspiele positiv, wie negativ auswirken können ist in sämtlichen Studien belegt. Allerdings kann nicht von einem positiven oder negativen Einfluss pauschal die Rede sein. Wie sich Computerspiele auf seine Nutzer auswirken, hängt stark von der Person, ihrem Wesen und ihrem Umfeld ab.

5 Sportmarketing

In einer Gesellschaft, die von einer regelrechten Reizüberflutung geprägt ist, müssen Unternehmen wohl bedachte Entscheidungen treffen, wenn es um die Vermarktung ihrer Produkte geht. Diese Erkenntnis haben auch einige professionell organisierte Sportklubs gewonnen und arbeiten mittlerweile häufig mit Fachleuten aus externen Branchen zusammen. Dieses Kapitel soll sowohl einen Einblick auf die Besonderheiten des Sportmarketings liefern, als auch ein ausreichendes Basisverständnis für das darauffolgende Praxisbeispiel und den Transfer der gewonnenen Erkenntnisse auf den eSports Bereich vermitteln. Dabei soll Sportmarketing in Form einer eigenständigen Disziplin, in Anlehnung an die Ausführungen von Nufer und Bühler, interpretiert werden. Die Besonderheiten des Sportmarketings werden in dieser Passage auf die Kernelemente heruntergebrochen. Die Grundidee von Sportmarketing entstammt dem Bedürfnis, speziell auf die Sportbranche zugeschnittene Marketingmethoden verwenden zu wollen. Dazu sollten klassische Marketingmethoden auf die Sportbranche transferiert werden. Bisher sind sich Experten nicht darüber einig, ob sich diese Methoden durch geringe Abwandlungen auf die Sportbranche übertragen lassen, oder ob Sportmarketing als eigenständige Disziplin gesehen werden muss. Wird Sportmarketing als eigenständiges Feld interpretiert, so lässt es sich in die folgenden zwei Blickwinkel unterteilen und hebt sich somit von anderen Marketingkategorien ab (vgl. Abb.3).

Bei *Marketing von Sport* handelt es sich um die Sicht der Sportanbieter. Sport wird als eigenes Produkt angesehen und soll unter Verwendung sämtlicher Marketinginstrumente als solches vermarktet werden. Bei *Marketing mit Sport* dient Sport als Mittel zum Zweck und wird selbst zum Instrument, mit dem andere Produkte vermarktet werden sollen. Es handelt sich dabei um die Sicht von Unternehmen, die nicht zwingend sportverwandte Produkte vermarkten wollen. In Kapitel 5.2 und 5.3 wird näher auf diese Merkmale von Sportmarketing eingegangen.

Der Sportmarkt definiert sich durch spezielle Faktoren, die sich in keiner andren Branche so gestalten, wie im Sport. Für eine erfolgreiche Anwendung von Marketing im Sport ist eine Kombination aus klassischen Marketinginstrumenten und spezifischen Instrumenten, die speziell für den Sportbereich angepasst werden, notwendig. Zunächst ist die Besonderheit zu bemerken, dass sich der Sportmarkt in unterschiedliche Teilbereiche differenzieren lässt. Es wird zwischen dem Sportlermarkt für aktiven Sportkonsum, und dem Zuschauermarkt für passiven Sportkonsum unterschieden (vgl. Nufer/Bühler 2013a, 8).

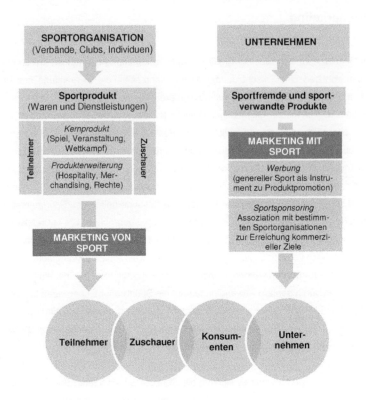

Abb.4: Modell zum Sportmarketingverständnis nach Nufer

Quelle: Eigene Darstellung in Anlehnung an Nufer/Bühler 2013b, 43.

Der Sportlermarkt bildet durch die Generierung von sportlicher Leistung das Fundament für den Zuschauermarkt. Er richtet sich sowohl nach den Bedürfnissen der Breiten- und Freizeitsportinteressierten, als auch nach Leistungs- und Spitzensportlern. Während die Akteure im Breitensport keine große Erwerbsorientierung vorweisen, richtet sich der Leistungs- und Spitzensport bewusst an die Zuschauer, um die sportlichen Leistungen erfolgreich zu vermarkten. Zum Zuschauermarkt gehören sämtliche Leistungen sportbezogener Produkte, Dienstleistungen und auch Rechte, die an unterschiedliche Medien verkauft werden. Außerdem weist der Sportmarkt weitere einzigartige Eigenschaften auf, die eine simple Übertragung gängiger Marketingmethoden als weniger sinnvoll gestalten:

Unvorhersehbarkeit von Ereignissen oder Ergebnissen

Wer ein Fußballspiel besucht, weiß vorher nicht, wie das Spiel verlaufen oder ausgehen wird. Je höher die Unsicherheit über den Ausgang eines Wettkampfes, desto spannender und attraktiver kann das Spiel werden (vgl. Daumann 2011, 16). Aufgrund dessen können Sportorganisationen im Vorhinein kein Qualitätsversprechen abgeben, da sich Qualität aus der Tagesform und der Leistung der sportlichen Akteure ergibt.

Sportlicher Erfolg = wirtschaftlicher Erfolg

Der sportliche Erfolg einer Organisation bestimmt nachhaltig den wirtschaftlichen Erfolg. Je erfolgreicher sich ein Club präsentiert, desto attraktiver wird dieser in der Öffentlichkeit, für Sportler und für Partner und Sponsoren.

Kooperenz

Die Kooperenz oder auch assoziative Konkurrenz stellt eine weitere Besonderheit im Sportmarkt dar. Dabei handelt es sich um eine Kooperation mit anderen Wettbewerbsteilnehmern, mit denen die einzelnen Clubs gleichzeitig in Konkurrenz um den Sieg steht (vgl. Nufer/Bühler 2013a, 9). Die Kooperation dabei zeigt sich in der Bereitschaft gegen einander anzutreten. Wäre diese nicht vorhanden, könnten keine Wettkämpfe ausgetragen werden. Nur durch Kooperenz kann das Kernprodukt des Sports, nämlich der gemeinsame Wettkampf, produziert werden (vgl. Nufer/Bühler 2013a, 11).

Öffentliches Interesse

Das Interesse der Öffentlichkeit an Sport wie z.B. Fußball in Deutschland ist immens. Damit sind nicht nur die stattfindenden Wettkämpfe untereinander gemeint, auch interne Prozesse, die das Management und die Struktur der Clubs als Unternehmen betreffen, werden im Vergleich zu anderen Wirtschaftszweigen von Interessierten viel aufmerksamer verfolgt und in der Öffentlichkeit diskutiert.

Der Kunde

Der Kunde stellt im Wirtschaftssektor Sport die größte Besonderheit dar. In keiner anderen Branche zeigen sich Kunden derart loyal und emotional. Durch diese emotionale Bindung legen Kunden ein „irrationales Konsumverhalten" an den Tag (vgl. Nufer/Bühler 2013a, 13). Dieses Phänomen kann in manchen Kaufentscheidungen der Konsumenten beobachtet werden. „Beispielsweise würde kein Fußballfan jemals auf die Idee kommen zum gegnerischen Club zu wechseln, weil dort etwa die Eintrittskarten billiger sind" (Nufer 2011, 3:19-3:26). Zum Ende dieser Einführung wird eine Übersicht der Besonderheiten im Sportmarketing geliefert.

5.1 Marketing von Sport

Sportorganisationen und Sportclubs müssen sich gegen unterschiedliche Konkurrenten am Markt behaupten. Dazu zählen nicht nur fremde Clubs aus der gleichen Liga, es gehören fremde Sportarten ebenso dazu wie auch völlig andere Freizeitangebote. Der Wettbewerb um Zuschauer, Medien, Sponsoren und auch Mitarbeiter wird durch die Vielfalt an Angeboten zugespitzt. Auch wenn Sportmarketing als eigenständige Marketingdisziplin behandelt wird, finden klassische Marketinginstrumente in diesem Bereich Anwendung (vgl. Nufer/Bühler 2013b, 44).

Unternehmen, die ihre Produkte und sich selbst erfolgreich vermarkten möchten, müssen eine Unternehmensplanung vornehmen, aus der sich eine Marketingstrategie ableiten kann. Diese Phase wird strategische Marketingplanung genannt. Nur Firmen, die ihre eigenen Ziele, ihre Kultur und die Philosophie definieren, können ihre Produkte glaubhaft vermarkten. Besonders wichtig dabei ist es, Ziele zu operationalisieren, damit diese auf ihren Erfolg geprüft werden können. Dazu ist es ratsam mehrere Ziele zu definieren und deren Status zu überprüfen und ggf. der Veränderung am Markt anzupassen (vgl. Nufer/Bühler 2013b, 46).

Umfangreiche Analysen des Marktes, der Zielgruppe und des gesamten Umfeldes bilden das Fundament von erfolgreichem Marketing. Um qualitativ gute Ergebnisse dabei zu erzielen ist es ratsam diese Analysen von professionellen Marktforschungsunternehmen durchführen zu lassen. Mittlerweile konnten sich renommierte Agenturen und auch Unternehmensberatungen mit Reports über Strukturen, Entwicklungen und Trends auf dem Sportmarkt erfolgreich zur Professionalisierung beitragen.

Auf die strategische Marketingplanung folgt die operative Marketingplanung im Sport. Dabei wird der allgemeine Marketing Mix aus *Produktpolitik, Preispolitik, Kommunikationspolitik und Distributionspolitik* zur Erreichung festgelegter Ziele von Sportorganisationen angewendet. Das zu vermarktende Kernprodukt, der sportliche Wettkampf, kann nur geringfügig beeinflusst werden. Dementsprechend gilt es für Sportorganisationen umliegende Begleitfaktoren zu optimieren. So muss sich eine Sportorganisation um das Wohl der Kunden bemühen, um Zufriedenheit in dieser Zielgruppe zu erlangen. Dieses Ziel kann durch Faktoren, wie der angemessenen Qualität der Speisen, der Merchandisingartikel und des Komforts der Sitzplätze auf dem Sportevent selbst positiv beeinflusst werden.

Um eine optimale Preispolitik zu führen, sollten auch bei der Preisbildung zahlreiche Umfeldanalysen bezüglich der Konkurrenz und auch in der Zielgruppe durchgeführt werden.

Es wird beschrieben, dass wenige Sportorganisationen diese Schritte verfolgen und somit, in Relation zu den Kosten des Spielbetriebes, zu günstige Eintrittspreise fordern, die wiederum ökonomische Probleme nach sich ziehen können. Eine enorme Erhöhung der Eintrittsgelder könnte allerdings eine starke Abnahme der Nachfrage mit sich bringen. Letztendlich sollte sich die Preispolitik an den individuell festgelegten Marketingzielen, und der Unternehmensphilosophie orientieren (vgl. Nufer/Bühler 2013b, 49).

Um sich und seine Sportart möglichst populär zu machen, ist eine Kooperation mit sämtlichen Medien notwendig. Eine gute Medienpräsenz verschafft öffentliche Aufmerksamkeit und Sportorganisationen erhalten somit die Chance Interessenten für sich zu gewinnen. Darüber hinaus kann es förderlich sein sich an sozialen Projekten zu beteiligen. Die geförderten Institutionen werden darüber berichten, und auf diese Weise gerät die jeweilige Sportorganisation in den Fokus der Öffentlichkeit. Auch klassische Instrumente wie die Verwendung von Werbeanzeigen in Printmedien können zielführend zur Vermarktung von Sport sein.

Auch für den Bereich Distribution im Sport können Umfragen und Zielgruppenanalysen helfen, um die Bedürfnisse der Kunden herauszufinden und optimal auf diese eingehen zu können. So stellen sich während der Planung von neuen Absatzwegen oder auch der Errichtung neuer Sportstätten die Fragen, an welchen Orten und auf welche Weise diese besonders förderlich für die allgemeine Vermarktung der Produkte erscheinen (vgl. Nufer/Bühler 2013, 52). Um den Erfolg sämtlicher Marketinginstrumente, die im Sportmarketing zum Einsatz kommen, nachvollziehen zu können, gilt es diese einer stetigen Kontrolle zu unterziehen. Nur nachvollziehbare Auswirkungen dieser Methoden können ausgewertet und ggf. optimiert werden.

5.2 Marketing mit Sport

Bei Marketing mit Sport wird das Kernprodukt Sport als Werbeinstrument von Unternehmen verwendet, um andere Produkte zu vermarkten. Dazu wird die Bekanntheit eines Vereins oder der Sportart genutzt, um die vorhandene Popularität auf das eigene Produkt zu lenken. Dazu eigenen sich Sportgroßevents besonders gut, da sie eine enorme Reichweite aufweisen und somit verschiedene Zielgruppen angesprochen werden können. Eine besondere Form des Marketings mit Sport stellt das Sportsponsoring dar.

Als Sponsoring wird eine auf Gegenleistung basierende Vereinbarung zwischen zwei Parteien bezeichnet (vgl. Bruhn 2010, 7). Dabei handelt es sich im Sportsponsoring um eine vertraglich festgeschriebene Partnerschaft zwischen einer Sportorganisation, Einzelpersonen oder ganzen Sportveranstaltungen und einem Unternehmen, das die Rolle des sog. Sponsors übernimmt. Die gesponserte Partei vergibt an den Sponsor Sonderrechte zur werblichen Nutzung von Veranstaltungen oder ähnlichem. Des Weiteren ist es dem Sponsor gestattet, die bestehende Partnerschaft in seine Marketingaktivitäten einzubetten. Der Sponsor sichert sich diese Vorteile indem er dem Gesponserten monetäre Zuwendung oder Sachleistungen zusichert (vgl. Dinkel 2013, 367). Diese Beziehung, die auf Leistung und Gegenleistung beruht, richtet sich nach dem sog. Prinzip der Reziprozität (vgl. Nufer/Bühler 2013b, 54).

Die Etablierung sportmarketingspezifischer Schriften und Organisationen ist ein positives Zeichen für die wachsende Eigenständigkeit dieser Marketingdisziplin und beflügelt einen stetigen Wissensaustausch zwischen Akteuren aus Theorie und Praxis. Obwohl die Professionalisierung auf dem Sportmarkt zunimmt, existieren ebenso professionell geführte Sportklubs und Verbände, die sich über die Bedeutung sportspezifischer Marketingmaßnahmen noch nicht bewusst sind. Dieser Aspekt bestätigt das verbleibende Verbesserungspotential auf dem Gebiet des Sportmarketings.

Prognosen zu Folge wird die Konkurrenz im Freizeit- und Vergnügungssektor in den nächsten Jahren weiter anwachsen und Sportanbieter müssen clevere Marketingstrategien entwickeln, um auf dem Markt zu bestehen. Das Produkt Sport wird dennoch kaum an Beliebtheit verlieren und somit ein reizvoller Bereich für werbetreibende Unternehmen darstellen. Aufgrund dessen ist zu vermuten, dass die Notwendigkeit von Sportmarketing in den folgenden Jahren weiterhin an Bedeutung gewinnen wird. Ein erfolgreicher Einsatz dieses speziellen Instruments verlangt ein gewisses Maß an Einfallsreichtum und Voraussicht aller Akteure in Bezug auf die Entwicklung neuer Vermarktungspotentiale (vgl. Nufer/Bühler 2013b, 59).

6 Professionalisierung im eSports

Von Professionalisierung wird in der heutigen Zeit häufig in Verbindung mit Sportorganisationen gesprochen. Diese Bezeichnung gilt oft als Qualitätsmerkmal einer Branche. In wie weit sich die eSports-Branche bereits professionalisiert hat, soll in diesem Abschnitt dargestellt werden. Die Zusammenarbeit mit Partnern aus sportfremden Branchen, wie Sponsoren oder Agenturen, ermöglicht die Wandlung eines amateurhaft geführten Etablissements zu einem professionellen Unternehmen. Um passende Kooperationen schließen zu können, müssen Sportorganisationen Professionalität beweisen und sowohl ihr Produkt, als auch sich selbst vermarkten können (vgl. Kapitel 5). Professionalisierung äußert sich ebenfalls darin, dass Spitzensportler in der jeweiligen Sportart ihren Lebensunterhalt verdienen können. Treffen die genannten Faktoren zu, kann von einer Verberuflichung gesprochen werden.

6.1 Organisationsstrukturen

Ebenso wie in klassischen Sportarten können auch im eSports strukturelle Ordnungen erkannt werden. In folgendem Abschnitt werden auf die Organisationsformen von Teams, Ligen und Turnieren eingegangen. Dabei sind für das nächste Kapitel einzig professionelle Sparten von Bedeutung.

Im Laufe der letzten Jahre wurden zahlreiche Organisationen und Verbände gegründet, um eSports nachhaltig zu fördern. Dabei haben sich Computerspieler schon in Gemeinschaften, sog. Clans, zusammengeschlossen, als von einer eventuellen Professionalisierung noch keine Rede war (vgl. Kapitel 3). Der Clan vereint Gleichgesinnte, die unter einem bestimmten Zweck gemeinsam spielen. Dieses Phänomen kann durchaus mit einer Sportmannschaft des klassischen Sports verglichen werden, da die Funktionen dieser Vereinigungen ähnlich sind. Einige eSports-Clubs versuchen, die Tradition von klassischen Sportvereinen zu übernehmen, indem sie eine ähnliche interne Struktur anstreben. Sie verfügen auf professioneller Ebene teilweise über wissenschaftliche Trainingsmethoden, ein fachspezifisches Management, Sponsoren oder eine sportpsychologische Betreuung der Spieler (vgl. ZDFsport 2011, 3:17-3:48). Manche Organisationen teilen ihre Struktur in zwei Sparten auf. Dabei stehen auf der einen Seite der eingetragene Verein und auf der anderen Seite die Kapitalgesellschaft, ähnlich wie in manchen Clubs im klassischen Sport (vgl. Faculty 2016).

Anders als im klassischen Sport lassen sich die wirklich professionell agierenden Teams nicht in eine einheitliche Nationalität einstufen. Aufgrund der weitläufigen Vernetzungsmöglichkeit über das Internet haben sich Teamstrukturen entwickelt, die Spieler aus sämtlichen Nationen vereinen. Auch die Strukturen von professionellen Teams aus dem klassischen Sport, wie etwa Fußballmannschaften, gestalten sich aus einer Mischung nationaler und internationaler Mitglieder, doch kann dem Team selbst immer eine eigene Nationalität zugeordnet werden, im eSports ist das nicht der Fall. Neben unzähligen, willkürlich erschaffenen Amateurligen existieren für jede eSports relevante Disziplin professionelle Ligen. Es beginnt mit einem spielinternen Ligasystem, das von den jeweiligen Entwicklern vorgegeben ist. Innerhalb dieses Systems können einzelne Spieler aufsteigen und geraten in den Fokus von professionell agierenden Clans. Werden Spieler von diesen Profi-Teams aufgenommen, haben sie die Chance in die Top Mannschaft aufzusteigen, die den Clan auf internationalen Wettkämpfen vertritt (vgl. Abb.5).

Im Gegensatz zu vielen anderen Sportarten ist im eSports ein übergeordneter Dachverband nicht vorhanden. Aufgrund dessen existieren unzählige Ligen, die durch diese fehlende Instanz in starker Konkurrenz zu einander stehen. Dementsprechend können Spieler in mehreren Ligen gleichzeitig agieren, es sei denn sie werden vertraglich an einen Veranstalter gebunden. Jede Liga organisiert eigene Turniere, pflegt Partnerschaften und vereint wetteifernde Teams, durch die sog. Kooperenz. Daher sind sämtliche Ligen stetig auf der Suche nach neuen Spielern mit Potential, die häufig aktiv durch Ausschreibungen angeworben werden. Neben diesen eigenständigen Ligen organisieren auch Entwickler bestimmter Spiele ihre eigenen Turniere.

Die Electronic Sports League (ESL) ist mit ungefähr fünf Millionen aktiven Spielern und nahezu einer Millionen Teams die größte Liga im elektronischen Sport (vgl. ESL 2015). Sie vereint unterschiedliche Disziplinen, und konzentriert sich, nicht wie im klassischen Sport auf eine Sportart, sondern auf eSports generell. Dabei werden unterschiedliche Turniere für jedes Spiel veranstaltet (vgl. Kapitel 7). Innerhalb verschiedener Turniere können sich Teams für höherrangige Wettbewerbe, wie etwa Weltmeisterschaften, qualifizieren. Diese Qualifizierung ist nicht zwingend an einen oder mehrere Siege gebunden. Durch ein spezielles Punktesystem zählt am Ende einer Turnierserie das Endergebnis und entscheidet somit über die Qualifizierung. Die Austragung dieser Turniere wird über Online-Streams übertragen und der Spielverlauf wird von professionellen Kommentatoren begleitet und am Anschluss im Expertengespräch analysiert, ähnlich wie im Fußball (vgl. WDR 2015, 0:47-1:18).

Abb.5: Beispiel eines Ligasystems im eSports
Quelle: Eigene Darstellung in Anlehnung an Riot Games 2016.

6.2 Finanzierung

Die Organisation und Pflege von Profi-Ligen und Profi-Teams bringen erhebliche Kosten mit sich. Diese können von den Organisationen selten alleine getragen werden. Dementsprechend greift im elektronischen Sport, ebenso wie im klassischen Sport, das Modell des Sponsorings. Auch in diesem Fall können die Besonderheiten von klassischem Sport und der damit einhergehenden Besonderheiten in Bezug auf das Sportsponsoring übernommen und transferiert werden. In der eSports-Branche kann sich Sponsoring durch verschiedene Methoden äußern. So werden zahlreiche Werbeflächen, besonders auf den Internetseiten der jeweiligen Organisation, bereitgestellt. Ebenso beliebt ist die Möglichkeit einer auffälligen Produktpräsentation während Veranstaltungen, aber auch in Videos oder Streamingauftritten des Gesponserten. Mit der wachsenden Professionalisierung steigt ebenso der Anspruch der Spieler mit entsprechend hochwertigem Equipment ausgestattet zu sein. Dieser Aspekt bietet Hardware-Entwicklern die Chance, sich auch auf diesem Gebiet als Sponsor einzubringen (vgl. BenQ 2016).

Besonders Liga- oder Turniersponsoring verspricht eine enorme Reichweite in der Zielgruppenansprache. Für Turnierveranstalter erweist sich Sponsoring als essenzielles Instrument in Bezug auf die Bereitstellung hoher Preisgelder, die wiederum die Qualität des jeweiligen Turniers bestärken sollen. Durch diese Kooperationen wird eine Win-Win-Situation angestrebt. Der Sponsor nutzt seine Chance sich zielgruppenspezifisch zu präsentieren, und die eSports-Organisation erhält finanzielle Mittel oder Sachmittel für ihre Unternehmung. Zusätzlich kann ein Imagetransfer zu Gunsten beider Parteien stattfinden (vgl. Lißner 2012, 36).

6.3 Medienplatzierung

In Deutschland gerät eSports immer stärker in den Fokus der Medien. Nicht nur auf Internetportalen der Szene, sondern auch in branchenfremden Medien finden sich immer häufiger Berichterstattungen. So werden auf Portalen wie *N24* oder auch der Onlineausgabe der *Zeit* hin und wieder Ereignisse und Neuigkeiten aus der Welt des elektronischen Sports bekannt gegeben. Sportsender Sport1 hat auf seiner Internetseite sogar eine eigene Rubrik für den eSports eingerichtet (vgl. Sport1 2016).

Obwohl in den vergangenen Jahren immer wieder Versuche zur Übertragung von eSports Events im öffentlichen Fernsehen veranlasst wurden, konnte sich kein Format durchsetzen (vgl. ZDFpresseportal 2012). Nach nahezu neun Jahren wurde der spiele-Radiosender Gamer FM abgeschaltet und auch der Gaming-Sender GIGA TV wurde nach der Übernahme durch den Pay-TV Sender Premiere im Jahr 2009 eingestellt (vgl. Computerbild 2009; vgl. Gamer FM 2010). Somit spielt sich die mediale Verarbeitung und Verbreitung von eSports hauptsächlich im Internet ab. Veranstalter von Turnieren, Ligen und auch Clans agieren dementsprechend zielgruppenspezifisch auf den jeweiligen Plattformen. Einen besonderen Stellenwert haben sich Streaminganbieter wie *Twitch* in den letzten Jahren errungen. 24 Stunden täglich werden Turniere, Spiele von erfolgreichen Einzelsportlern und Sendungen rund um die Thematik des eSports ausgestrahlt. Die Nutzung erfolgt dabei kostenlos. Ein weiterer Vorteil des Streamings ergibt sich aus der enormen Reichweite des Internets. Nahezu auf der ganzen Welt können Interessenten Übertragungen live verfolgen. Damit werden Zuschauerzahlen in Millionenhöhe erreicht (vgl. WDR 2015, 0:47-1:18).

7 Praxisbeispiel: Disziplinen im Vergleich

Anhand des folgenden Praxisbeispiels sollen noch einmal die Eigenschaften des eSports in einen direkten Vergleich zu einer realen Sportart gesetzt werden. Ziel ist es, den eSports auf Eigenschaften hin zu untersuchen, die bei klassischen Sportarten dazu führen als Zuschauersport erfolgreich zu funktionieren. Diese Erkenntnisse sollen Aufschluss darüber geben, ob das Konzept von eSports Charakteristika aufweist, die bei der Etablierung als Zuschauersport hilfreich sein können. Dabei wird Bezug auf das erfolgreiche Online-Strategie-Spiel League of Legends genommen, das durch das Spitzenteam Fnatic vertreten werden soll. Dieses Spiel soll mit der beliebtesten Sportart in Deutschland verglichen werden, dem Fußball. Dabei wird diese Disziplin von dem Verein Bayern München vertreten.

7.1 League of Legends

Das Spiel League of Legends, auch mit der Kurzform LOL betitelt, gilt heute als eines der erfolgreichsten Multiplayer-Arenaspiele, kurz MOBA, der Welt. Dabei handelt es sich um ein Spiel, bei dem jeder Nutzer die Rolle einer bestimmten Spielfigur einnimmt, den sog. Champion, mit dem er in das Spielgeschehen eingreift. Diese Figuren unterscheiden sich in ihren einzigartigen Fähigkeiten, mit denen sie während eines Spiels verschieden agieren können. Es zählt zum strategischen Geschick der Spieler, die richtigen Figuren je nach gegebenen Bedingungen einzusetzen. Die festgelegten Anfangsfertigkeiten können während des Spielverlaufs durch spezielle Gegenstände verbessert werden. Ein besonderes Charakteristikum ergibt sich aus der Bedingung, dass dieses Spiel nicht allein gespielt werden kann.

Dieses Spiel kann in verschiedenen Modi gespielt werden. So können sich zwei Teams á drei oder fünf Mitgliedern duellieren. Ziel eines Spiels ist es, das feindliche Hauptgebäude, den sog. Nexus, zu zerstören. Dabei werden diese Bauten vom jeweiligen Team, positionierten Türmen und auch computergenerierten Wesen, den sog. Vasallen, verteidigt. Ausgetragen wird der Wettstreit in einem begrenzten Gebiet, das mit einem Spielfeld aus dem klassischen Sport durchaus verglichen werden kann. Den rivalisierenden Teams stehen eine Reihe an vorgefertigten Spielfeldern zur Auswahl, die sich durch die Festlegung einiger Kernelemente nur in ihrem Design unterscheiden. Anders als bei klassischen Sportarten wird das Spiel nicht zeitlich begrenzt.

Top-, Middle- und Bottom-Lane bilden die direkten Pfade auf die gegnerische Spielfeld-hälfte. Zwischen diesen Wegen liegt der sog. Jungle, ein Bereich, in dem neutrale Gegner lauern und den Schwierigkeitsgrad im Spiel erhöhen sollen (vgl. Abb.6). Jede Aktion, die förderlich für einen Spieler und sein Team ausfällt, wird mit Gold belohnt. Mittels dieser Währung kann ein Spieler während des Spielgeschehens bestimmte Gegenstände erwer-ben, um sich für den Kampf besser zu rüsten. Der Nexus, die Hauptbasis eines jeden Teams, wird von anderen Türmen geschützt. Er kann erst angegriffen werden, sobald die schützenden Gebäude nicht mehr existieren. Dementsprechend gilt es, spezielle Strategien anzuwenden um vor der gegnerischen Mannschaft zum Ziel zu gelangen, wie in anderen Teamsportarten auch.

Teil dieser Strategie ist ebenfalls die Positionierung der Teammitglieder auf den unter-schiedlichen Lanes. Jede Lane verlangt unterschiedliche Talente und Fähigkeiten, und so gilt es seine Teammitglieder nach ihren Fähigkeiten bestmöglich einzusetzen. Auf jeder Lane sind sämtliche mannschaftszugehörige Vasallen im Einsatz um das jeweilige Team zu unterstützen. Werden die Mitglieder auf unterschiedliche Lanes verteilt, kann gegen eine größere Anzahl an Vasallen gekämpft und somit mehr Gold eingesammelt werden. Dies hat zur Folge, dass der Gesamterfolg des Teams schneller erreicht werden kann, da jeder einzelne Mitspieler einen eigenen effektiven Beitrag leisten kann. Eine effiziente Strategie zahlt sich dementsprechend direkt im Teamerfolg aus. Aufgrund der Gegebenheit, dass jedes Mannschaftsmitglied einen wertvollen Teil zur Erreichung des Ziels beisteuert, kann die Funktion des Spiels League of Legends als Förderung der Teamfähigkeit interpretiert werden.

Abb.6: Spielfeldaufbau in League of Legends
Quelle: Eigene Darstellung in Anlehnung an Justnetwork 2016.

Die ESL Meisterschaft ist eine Liga der Disziplin League of Legends, in der der nationale Meister ermittelt werden soll. Nur die besten Teams aus Deutschland erhalten die Chance sich innerhalb dieser Liga zu messen. Sie kann durchaus mit der Fußball Bundesliga verglichen werden, wobei sie auch andere Disziplinen, wie Counter Strike Global Offensive, vereint. Alle Teilnehmer der ESL Meisterschaft in League of Legends erhalten die Chance sich für die Challanger Series, eine Art Europameisterschaft, zu qualifizieren. In der Challanger Series treten sechs Teams gegen einander an, die besten drei Teams dürfen an der EU Championship Series, kurz EU LCS, teilnehmen, eine europaweite Liga. Eine Besonderheit der Liga ergibt sich aus dem Status der Spieler.

Häufig stehen Spieler mit bestimmten eSports-Organisationen in einem vertraglich festgelegten Verhältnis, können aber dennoch relativ frei darüber entscheiden, an welchen Turnieren sie teilnehmen möchten. Jene Spieler, die an der LCS teilnehmen, gehen einen Vertrag mit dem Ligabetreiber und Entwickler von League of Legends Riot Games ein und verpflichten sich, an keinem anderen eSports-Event in diesem Zeitraum teilzunehmen (vgl. ENPE Media 2016b). Eine Saison innerhalb dieser Liga teilt sich in den sog. Spring-Splitt und in den Summer-Splitt. Jeder dieser Splits besteht aus einem sechswöchigen Turnier und jeweils drei Spielen zwischen allen Teilnehmern. Die Ergebnisse der Wettkämpfe werden am Ende einer Saison addiert und fungieren als Qualifikationsbedingung für die jährlich im Herbst stattfindende Weltmeisterschaft, die World Championship. Diese mit einander verbundenen Ligen und Turniere sind nur ein Beispiel für viele Wettkampfmodelle im e-Sports.

Zu den erfolgreichsten und beliebtesten Teams in der eSports-Szene zählt der Clan Fnatic. Mit seinen professionellen Mannschaften in sämtlichen eSports-Disziplinen bestreitet er über 75 internationale Wettstreits im Jahr. Aufgrund ihrer Erfolge kreieren sich auf sozialen Netzwerken enorme Fangemeinden. Gegründet wurde die Organisation im Jahr 2004 in Australien. Der Hauptsitz befindet sich heute in London. Mittlerweile verfügt Fnatic über weitere Niederlassungen in Belgrad und Köln. In sämtlichen Disziplinen erzielen Fnatic Teams ausschließlich Platzierungen unter den besten drei Teilnehmern. Mit über sechzig Erstplatzierungen in den letzten Jahren gehört Fnatic zur Elite des eSports (vgl. Summoners-Inn 2015).

Durch ihre sportlichen Erfolgsserien konnte das Team Kooperationen mit namenhaften Sponsoren eingehen. So zählen unter anderem der Energy-Drink Hersteller Monster oder der Hardwareentwickler BenQ zu den aktuellen Partnern des Unternehmens (vgl. ENPE

Media 2016b). Auf sozialen Netzwerken zeigt sich Fnatic weitgehend engagiert. Durch zahlreiche Videoclips zu unterschiedlichen Themen, Berichterstattungen von Turnieren und anderen Bereichen, sowie internen Informationen über Trainingsinhalte und Teamführung gestaltet die Organisation einen großen Teil der Förderung des eSports. Fnatic ist ein gutes
Beispiel für eine fortschreitende Professionalisierung in der eSports Branche. Aufgrund ihres sportlichen Erfolges ist die Organisation äußerst beliebt. Durch ein erfahrenes Manage-
ment-Team genießt das Unternehmen eine professionelle Führung.

7.2 Fußball

Fußball gilt als beliebtester Sport in Deutschland. Mit fast 7 Mio. Mitgliedern gehören rund
9 % der Deutschen Bevölkerung zum Deutschen Fußball Bund (vgl. DFB 2016). Mehr noch
als der aktive Fußballkonsum hebt sich der passive Fußballkonsum von anderen Sportarten
in Deutschland deutlich ab. Allein in der Bundesligasaison 2015/2016 haben ca. 13. Mio.
Menschen an einem Sportevent der 1. Fußball Bundesliga teilgenommen (vgl. Kicker 2016).
Die 1. Fußball Bundesliga ist die höchste Spielklasse im deutschen Fußballsport. In
Deutschland existieren unzählige Ligen, die je nach Spielklasse weite bis weniger weite
Regionen umfassen. Ein besonderes Merkmal dieses Systems ergibt sich aus den, durch
Auf- und Abstiegsregeln, geordneten Ebenen.

Durch konstante sportliche Erfolge können sich Mannschaften von der untersten Klasse bis
zur Deutschen Meisterschaft nach oben spielen. Dieser Aspekt schafft eine starke Motiva-
tion für Teilnehmende Teams und ihre Fans. Das Erfolgsrezept dieser Sportart kann auf die
allgemeinen Besonderheiten in der Sportbranche zurückgeführt werden (vgl. Kapitel 5). Das
immense öffentliche Interesse konnte sich innerhalb der letzten Jahre nur entwickeln, da
einige wichtige Faktoren von dieser Sportart erfüllt werden. So wird z.B. Spannung durch
die Ungewissheit über den Ausgang eines Wettkampfes erzeugt, ganz besonders, wenn
sich Teams begegnen, die in vorherigen Wettkämpfen ähnlich abgeschnitten haben. Bayern München gilt als beliebteste und erfolgreichste Fußballmannschaft in Deutschland aller
Zeiten. Mit über 270.000 Mitgliedern und einem Umsatz von ca. 500 Mio. Euro jährlich, ist
dieser Sportverein das perfekte Beispiel für eine erfolgreiche Professionalisierung in der
Sportbranche (vgl. Bayern München 2016a; vgl. Fußballgeld 2014). Bayern München kann
so viele Anhänger zu seinen Fans zählen, weil das Unternehmen früh die Bedeutung professioneller Interaktionen auf dem Sportmarkt erkannt hat. Durch die Zusammenarbeit mit
branchenfremden Experten, die ihre Fähigkeiten nutzbringend für den Fußballclub einset-
zen, und ihr Know-How auf die Fußballbranche transferieren, konnte ein Fundament für

nachhaltiges Wirtschaften gelegt werden. Kein anderer Club in Deutschland verfügt über derartig hohe finanzielle Mittel wie dieser. Aufgrund dieser positiven Finanzlage kann es sich der Club erlauben, in die besten Fußballer der Welt zu investieren und diese für sich zu gewinnen. Da der wirtschaftliche Erfolg stark an den sportlichen Erfolg einer Mannschaft gekoppelt ist, ergibt sich ein in sich geschlossenes System zur Generierung von Erfolg (vgl. Abb.7). Die folgende Abbildung stellt den Prozess zur Erfolgsgenerierung eines Sportvereins vereinfacht dar.

Abb.7: Erfolgszyklus im Fußball
Quelle: Eigene Darstellung in Anlehnung an Nufer 2011.

Der sportliche Erfolg bildet den Startpunkt im Erfolgssystem eines Sportvereins. Nur Mannschaften, die positive Leistung generieren, erhalten eine Chance auf Aufmerksamkeit der Öffentlichkeit und somit auch der Medien. Sobald das öffentliche Interesse geweckt wurde, und der sportliche Erfolg konstant bleibt, bilden sich aus Sympathisanten ganze Fangemeinden. Diese Menschen entwickeln Erwartungen an jenes Team, das sie unterstützen. Diese Erwartungen muss ein Verein erfüllen, damit eine gewisse Fantreue generiert werden kann. Treue Fans werden Wettkämpfe sowohl vor Ort als auch im Fernsehen oder über andere Medien verfolgen. Durch diese treuen Fangemeinden gewinnt der Verein auch für Sponsoren und Partner an Attraktivität. Diese Gruppe verfolgt das Interesse, den Sport zu nutzen um die Fangemeinde des bestimmten Vereins direkt zu erreichen (vgl. Kapitel 5). Da Sponsoren einen Verein mit finanziellen Mitteln oder anderen Dienstleistungen, im Gegenzug zur Freigabe werblicher Rechte, unterstützen, wird durch diese Kooperationen ein wichtiger Teil zum wirtschaftlichen Erfolg des Vereins beigetragen. Je höher sich die Liquidität eines Vereins gestaltet, desto größere Investitionen können getätigt werden. Diese Investitionen können in wertvolle Spitzensportler, Neuerungen des Stadions oder andere Güter oder Dienstleistungen für die Fangemeinde gemacht werden. Durch bessere Spieler wird der sportliche Erfolg gefestigt oder verbessert und die Erwartungen der Fangemeinschaft bleibt erfüllt. Der FC Bayern München agiert schon viele Jahre nach dem Prinzip des beschriebenen Systems. 24 Meisterschaften in 53 Jahren Bundesliga-Geschichte können als Indiz für die Wirksamkeit dieses Konzepts gesehen werden (vgl. Bayern München 2016b).

7.3 League of Legends und Fußball im Vergleich

Werden beide Disziplinen auf Basis der zuvor beschriebenen Besonderheiten des Sports miteinander verglichen, können einige Parallelen gezogen werden. Auch wenn das Spielen von League of Legends keiner derartigen körperlichen Betätigung wie dem Fußball entspricht, so ähneln sich beide Aktivitäten sowohl auf dem Sportler- als auch auf dem Zuschauermarkt. Sowohl in League of Legends als auch im Fußball kommt die Unsicherheit über den Ausgang eines Wettkampfes zum Tragen. Obwohl sich innerhalb einer Liga immer Spitzenteams herauskristallisieren lassen, können dennoch überraschende Endergebnisse entstehen. Auch wenn das öffentliche Interesse für den Fußball in Deutschland viel höher ist als für League of Legends, oder den eSports allgemein, hat sich eine gewisse Fangemeinde gebildet, die sich regelmäßig Wettkämpfe über Streams oder auch auf eSports-Events anschauen (vgl. Gamoloco 2016).

Dem Durchbruch des eSports stehen allerdings noch einige Faktoren im Weg. Der größte ergibt sich aus der mangelnden Akzeptanz in der Gesellschaft, in der Computerspiele immer noch mit viel Kritik diskutiert werden (vgl. Kapitel 4). Diese fehlende Würdigung kann auf das negative Image digitaler Spiele und deren Nutzer zurückgeführt werden. Sport ist in der Gesellschaft hoch angesehen und wird als Kulturgut behandelt. Er steht für Gesundheit und besonders der Leistungssport fordert spezielle Talente und Fähigkeiten, die es nicht jedem Menschen ermöglichen, Teil eines Profiteams zu werden. Auch wenn dieser Aspekt ebenfalls für das professionelle Spielen von einigen Computerspielen gilt, wird die Leistung der eSportler in keinem so großen Umfang gewürdigt, wie die von Leistungssportlern aus dem klassischen Sport.

Ein weiterer Aspekt, der Begründung für eine bisher gescheiterte Akzeptanz und Eingliederung auf dem deutschen Sportmarkt sein kann, ergibt sich aus der Komplexität von eSports-

Disziplinen. Besonders bei League of Legends handelt es sich um ein Spiel, das sehr erklärungsbedürftig erscheint. Während die Regeln und das Ziel eines Fußballspiels deutlich und schnell zu durchschauen sind, ist für ein ausreichendes Verständnis für den Spielverlauf von League of Legends so manches Ereignis zu erläutern. Ein Zuschauersport mussvor allem eines in der Summe aller Kriterien bieten: Unterhaltung. Sobald ein potentielles Zuschauerereignis zu kompliziert in seinem Aufbau oder im Verlauf ist, treten womöglich vermehrt Verständnisprobleme bei den Zusehern auf. Das Interesse im Publikum flacht durch dieses Defizit ab, der Unterhaltungswert wird nicht geliefert. Auch wenn die Masse der Bevölkerung kein so großes Interesse für den eSports aufbringt, wie etwa für den Fußball, haben sich fernab davon zahlreiche Interessengemeinschaften entwickelt und verfolgen regelmäßig Wettkämpfe über Streaminganbieter (vgl. Turtle Entertainment 2016). Dennoch ist zu bedenken, dass sich das Publikum aus dem klassischen Fernsehkonsum von dem Publikum aus der eSports-Szene unterscheidet. Die Zielgruppen aus der Computer- und Videospielbranche ist eher auf Seiten von Streaminganbietern anzutreffen, als vor dem Fernseher. Dementsprechend existiert keine derartig starke Nachfrage nach eSports-Wettkämpfen im TV-Angebot. Der Aspekt, an Sendezeiten gebunden zu werden schreckt die Zielgruppe aus der eSports-Szene ab. Streamingangebote gewährleisten eine freie Zeiteinteilung und mehr Flexibilität. Somit wird eine Eingliederung von eSports in das Fernsehprogramm vermutlich nicht stattfinden (vgl. Kühl 2016).

8 Erfolgsfaktoren und Handlungsempfehlungen

Um die vorliegende Arbeit abzuschließen folgt eine Zusammenfassung der relevanten Erkenntnisse unter Berücksichtigung der Forschungsfrage, in wie weit sich eSports als Zuschauersport in Deutschland etablieren kann. Im Anschluss wird eine Handlungsempfehlung abgegeben, die Möglichkeiten zu einer erfolgreichen Eingliederung des eSports auf-
zeigt.

8.1 Zusammenfassung

Folgende Abbildung zeigt eine abschließende SWOT-Analyse, in der sämtliche Erkenntnisse über das Etablierungspotential des eSports für den deutschen Markt aufgeführt sind.

Stärken	Schwächen
- leichter Einstieg (aktives Spielen)	- Negativ-Image in der Gesellschaft
- nachhaltige Fantreue	- mangelnde Akzeptanz der Öffentlichkeit
- sportähnliche Elemente	- Komplexität mancher Disziplinen
- Streams ermöglichen kostengünstige Übertragung	- große Konkurrenz am Freizeitmarkt
	- internetgebunden
- Zielgruppen verteilen sich auf wenige Anbieter bei Übertragungen	- starke Abhängigkeit von Sponsoren
	- keine Anerkennung als Sport (DOSB)
- enorme Reichweite (weltweit)	- keine Sportförderung
Chancen	**Risiken**
- wachsendes Interesse der Medien	- gescheiterte Wertevermittlung
- Wahrnehmung von Investitionsmöglich- keiten für Fremdfirmen	- Akzeptanz wird nicht erreicht
	- Interesse bleibt aus
- Wahrnehmung des Marketingpotentials	

Abb.8: Abschließende SWOT-Analyse eSports in Deutschland 2016
Quelle: Eigene Darstellung in Anlehnung an Breuer 2011 und Gorr 2016.

Der wohl wichtigste Aspekt, der einer effektiven Etablierung von eSports im Wege steht,
ergibt sich aus dem negativ behafteten Image von Video- und Computerspielen in der Gesellschaft. Kaum eine Freizeitbeschäftigung von Kindern und Jugendlichen wurde bisher
derart häufig diskutiert, wie dieses Phänomen. Obwohl sich immer mehr Befürworter den

Kontrahenten in öffentlichen Gesprächen entgegenstellen, bleibt ein vorwiegend negativ-geprägtes Fremdbild in der Bevölkerung bestehen. Dieses Meinungsbild lässt sich dement-sprechend auf den eSports, sofern überhaupt bekannt, transferieren. Des Weiteren fehlt ebenso auf Seiten des DOSB die Akzeptanz, den eSports als sportliche Disziplin anzuse-hen.

Dennoch weisen Disziplinen aus dem elektronischen Sport durchaus sportähnliche Merk-male auf. So ist bei einigen Spielen eine ausgeprägte Hand-Augen-Koordination, sowie eine gute Reaktionsgeschwindigkeit unumgänglich um gegen Konkurrenten zu bestehen. Auch neben den motorischen Fähigkeiten vollbringt ein professioneller eSportler große Leistungen bezüglich seiner Konzentration und Fokussierung auf das Geschehen. Außer der körperlichen und mentalen Aufwendung der Spieler stellt sich die Hauptintention von digitalem Sport mit dem wettbewerbsmäßigen Austragen von Video- und Computerspielen ähnlich dar, wie die des analogen Sports.

Eines der entscheidendsten Merkmale bezüglich der Attraktivität von Computerspielen, im Vergleich zum Betreiben einer Sportart, stellt der leichte Einstieg dar. Während ein Fuß-ballspiel eine gewisse Anzahl an Mitspielern voraussetzt, die sich erst zu einem bestimmten Termin an einem bestimmten Ort zusammenfinden müssen, halten sich in virtuellen Welten von Computerspielen entweder genügend Mitspieler auf oder der Nutzer kann sogar alleine spielen. Selbst wenn das Interesse besteht mit Bekannten gemeinsam ein Spiel zu spielen, bietet das digitale Spiel eine Flexibilität, die einem reale Sportarten nur selten gewähren können. Video- und Computerspiele locken vor allem mit ihrem Erfolgsversprechen.

Durch simple Handlungen im Spiel wird der Nutzer auf unterschiedliche Weise belohnt. Dadurch sollen positive Emotionen ausgelöst werden, um den Spieler möglichst langfristig an das Spiel zu binden. Durch eben jene Emotionen bilden sich im professionellen eSports loyale Fangemeinschaften, die durchaus die gleichen Charakteristika aufweisen wie Anhä-nger anerkannter Sportarten. Ein großer Unterschied zu professionell geführten Sportarten ergibt sich aus dem Ligasystem des eSports.

Auch wenn die eSports-Branche durch ihre Kooperationen zu Sponsoren oder Experten aus Fremdbranchen einen Teil der Professionalisierung erfüllt, so kann die Branche mit ihrer derzeitigen Ordnungsstruktur keine erfolgreiche Etablierung auf dem Zuschauermarkt erwarten. Es existieren zwar gewisse Ordnungsstrukturen für einige Turniere und Ligen, doch wird die Überschaubarkeit des eSportsmarktes durch die Fülle an unterschiedlichen Events erschwert (vgl. Kapitel 6). Zu den Erfolgsfaktoren des Zuschauersports zählt unter anderem die Nutzerfreundlichkeit, die sich auch im Grad der Verständlichkeit misst. Manche Disziplinen im eSports wirken auf Außenstehende äußerst komplex und bedürfen einer ausführlichen Erklärung. Durch diese Komplexität leidet der Unterhaltungswert enorm. In folgender Abbildung werden sämtliche Erkenntnisse bezüglich des aktuellen Status der e-Sports Branche in Deutschland rekapituliert.

8.2 Erfolgsfaktoren

Der Aspekt, dass sich der eSports fernab einer gesellschaftlichen Anerkennung in Deutschland dennoch zu einer eigenständigen Branche entwickelt hat, bestärkt die Aussicht auf einen positiven Verlauf der künftigen Etablierung dieses Segments auf dem deutschen Sportmarkt. Vertreter der eSports-Branche haben sich teilweise bewusst an erfolgreichen Sportvereinen und deren Strukturen und Handlungen orientiert und diese auf ihr eigenes Etablissement transferiert. Die folgende Abbildung soll fundamentale Erfolgsfaktoren des eSports im Hinblick auf eine angesehene und anerkannte Positionierung auf dem deutschen Sportmarkt und als Zuschauersport aufzeigen (vgl. Abb.9).

Ein verbessertes Image von eSports und Computerspielen allgemein bildet das Fundament auf die Chance zur erfolgreichen Etablierung am Sportmarkt in Deutschland. Erst wenn das vorherrschende Negativimage über digitale Spiele in der Gesellschaft verschwunden ist, kann eine öffentliche Akzeptanz folgen. Damit das Interesse auf dem Zuschauermarkt für den eSports auch bei Personen geweckt wird, die bisher nicht in Kontakt mit dieser Branche kamen, ist die Zuschauerfreundlichkeit der ausgestrahlten Wettkämpfe essentiell. Sobald potentielle Zuschauer dieser, für sie neuen, Unterhaltungsoption eine Chance geben, muss permanent dafür gesorgt werden, dass es zu keinen Verständnisproblemen kommt.

Darüber hinaus müssen Übertragungen spannend und unterhaltsam sein. Die Medienwirksamkeit sollte durch Zusatzleistungen von Seiten der Medien unterstützt werden, z.B. durch Kommentatoren. Des Weiteren sollte die Branche immer weiter professionalisiert werden, damit das Erfolgssystem aus dem klassischen Sport Anwendung finden kann (vgl. Kapitel 7). Die aufgezeigten Erfolgsfaktoren gestalten die reinen Grundbedingungen, um eine Etablierung des eSports auf den deutschen Zuschauermarkt möglich zu machen. Selbst wenn diese in der Zukunft eingehalten und erfüllt werden, ist dies kein Garant für eine tatsächliche Eingliederung des eSports in Deutschland.

Abb.9: Ergebnis der Arbeit
Quelle: Eigene Darstellung.

8.3 Handlungsempfehlung

Um eine fundierte Eingliederung des elektronischen Sports in Deutschland zu ermöglichen, ist es vonnöten, sämtliche Schwächen der Branche auszugleichen. Das größte Hindernis zum Erfolg von eSports verbirgt sich im negativen Image von Video- und Computerspielen. Um dieses Fremdbild in der Öffentlichkeit zu verbessern, muss ein hohes Maß an Aufklärungsarbeit geleistet werden. Experten sollten über die positiven Effekte der Nutzung von Video- und Computerspielen berichten und zeitgleich offen über das Suchtpotential digitaler Spiele und Medien sprechen. Noch immer wird teilweise angenommen, dass Computerspiele allein dafür verantwortlich gemacht werden können, sobald Nutzer ein Suchtverhalten aufweisen oder sich isolieren. Doch spielen Computerspiele nur eine zweitrangige Rolle, sobald sich auffällige Verhaltensweisen bei ihren Nutzern zeigen. Das Umfeld eines Menschen, ganz besonders bei Kindern und Jugendlichen, ist maßgeblich für die Verarbeitung und den Konsum von digitalen Unterhaltungsmedien. Eltern haben dafür Sorge zu tragen, dass ihre Kinder ausschließlich altersgerechte Produkte nutzen. Eine weitere Methode zur Verbesserung des Images von elektronischem Sport betrifft speziell professionelle eSportler. Um ihre eigene Gesundheit zu schützen ist es von großer Bedeutung einen

Ausgleichsport anzustreben. Auf diese Weise wäre es sinnvoll, Kooperationen mit anderen Vereinen aus der realen Sportbranche zu schließen (vgl. Summoners-Inn 2016). Dadurch würde zum einen die Basis für eine nutzbringende Wertevermittlung an die Zielgruppe geschaffen und zum anderen fungieren die Stars des eSports als positive Vorbilder für ihre Fangemeinde. Durch Anerkennung von Seiten des Staates und der Medien, wäre eine gesteigerte Akzeptanz in der Öffentlichkeit die Folge sein. Das wachsende Interesse würde ebenso Aufmerksamkeit von Seiten potentieller Investoren nach sich ziehen. Des Weiteren wäre es möglich, dass eine Würdigung von Video- und Computerspielen, besonders in Form von eSports, zu einer Sensibilisierung der Kinder und Jugendlichen in Bezug auf den Umgang mit digitalen Medien aller Art führt. Heranwachsende würden bewusst und kritische mit dem Medium umgehen und somit könnte eine Abnahme des Gefahrenpotentials digitaler Unterhaltungssoftware erfolgen.

Damit sich die Disziplinen des eSports nachhaltig am Sportmarkt halten können, muss die Zuschauerfreundlichkeit optimiert werden. Ein transparentes Ligasystem muss eingerichtet werden, damit sich der passive Konsument ohne Expertenwissen einen aussagekräftigen Überblick bezüglich des aktuellen Stands relevanter Teams verschaffen kann. Des Weiteren ist es bei komplexen Spielen vonnöten eine ausgiebige Einführung in die Disziplin zu bieten, damit der Zuschauer ein ausreichendes Verständnis für das Geschehen aufbringen kann.

8.4 Zukunftschancen des eSports

Vom jetzigen Standpunkt des eSports aus betrachtet sind künftig eine Reihe an Maßnahmen zu erfüllen, um eine Etablierung in Deutschland zu ermöglichen. Prognosen zufolge wird eine erfolgreiche Eingliederung dieses Feldes erst in ein bis zwei Jahrzehnten stattfinden. Vermutlich reichen Image-Kampagnen oder eine versuchte Attraktivitätssteigerung der eSports-Disziplinen nicht aus, um eine so große Zielgruppe, wie der Fußballsport ihn in Deutschland aufweist, zu gewinnen. Doch spätestens durch die Folgegeneration der deutschen Bevölkerung, ist mit einer stetig steigenden Würdigung des eSports zu rechnen. Digitale Medien erreichen immer größere Wichtigkeit in der Alltagsgestaltung. Möglicherweise haben Video- und Computerspiele künftig einen so hohen Stellenwert, dass nur noch selten über negative Einflüsse dieser Medien gesprochen wird. Mit Hinblick auf die Forschungsfrage, welches Potential eSports aufweist, sich als Zuschauersport in Deutschland etablieren zu können, kann bestätigt werden, dass eSports großes Potential aufweist, sich in Zukunft als anerkannten und beliebten Zuschauersport einzugliedern.

Literatur- und Quellenverzeichnis

Barilla, Marco Francesco (2013): E-Sports - Massenphänomen mit Wachstumspotential? Ein Vergleich des virtuellen mit dem realen „Profi-Sport". Mittweida.

Bastian, Matthias (2016): Virtual Reality Branche: Fast eine Milliarde Umsatz in 2016? www.vrodo.de/virtual-reality-branche-fast-eine-milliarde-umsatz-in-2016/ (08.05.2016).

Baur, Günter T. (2013): Modul: Medien-Informatik. Prinzipienwechsel im Internet. Mannheim, 7-10.

Bayern München (2016a): Mitgliederentwicklung. http://www.fcbayern.de/media/native/presse-free/MItglieder_Fanclubs_KidsClub_14-15.pdf (10.05.2016).

Bayern München (2016b): Statistik Bayern München. http://www.bundesliga.de/de/clubs/bayern-muenchen/statistik/ (10.05.2016).

BenQ (2016): Sponsoring durch BenQ. http://gaming.benq.de/ (25.045.2016).

Bensonders (2010): Was ist Cosplay? www.youtube.com/watch?v=Hs2hmdPujKM, 1:42-2:26 (11.04.2016).

Dinkel, Michael (2013): Sportsponsoring. In: Bezold, Thomas / Thieme, Lutz / Trosien, Gerhard (Hrsg.): Handwörterbuch des Sportmanagements. 2. Aufl. Frankfurt am Main.

BIU (2014): Fast die Hälfte aller Deutschen spielt digital. www.biu-online.de/de/presse/newsroom/newsroom-detail/datum/2014/03/10/fast-die-haelfte-aller-deutschen-spielt-digital.html (06.04.2016).

BIU (2015a): Computer- und Videospielemarkt wächst im ersten Halbjahr 2015. www.biu-online.de/de/presse/newsroom/newsroom-detail/datum/2015/07/29/computer-und-video-spiele-markt-waechst-im-ersten-halbjahr-2015.html (08.04.2016).

BIU (2015b): Smartphones, Tablets und Spielekonsolen zählen zu den beliebtesten Weihnachtsgeschenken. www.biu-online.de/de/presse/newsroom/newsroom-detail/datum/2015/12/15/smartphones-tablet-computer-und-spielekonsolen-gehoeren-zu-den-beliebtesten-weihnachtsgeschenken.html (08.04.2016).

Breitlauch, Linda (2014): Es geht nicht um Gewalt. In: ZDFinfo: Sind Games wirklich nur ein Spiel? www.youtube.com/watch?v=-gRBGWozbDg, 13:58-15:04 (12.04.2016).

Breuer, Markus (2011): eSport – eine Markt- und ordnungsökumenische Analyse. Jena.

Bruhn, Manfred (2010): Sponsoring. Systematische Planung und integrativer Einsatz. 5. Aufl. Wiesbaden.

Bundesliga (2016): Bundesliga-Clubs mit elftem Umsatzrekord in Folge. www.bundesliga.de/de/dfl/bundesliga-report-2016-dfl-deutsche-fussball-liga-agmd18.jsp (06.04.2016).

Computerbild (2009): Giga- Gaming-TV-Sender stellt Betrieb ein. http://www.computerbild.de/artikel/cbs-News-Bunt-gemischt-Spiele-TV-Sender-Giga-stellt-Betrieb-ein-4002863.html (25.04.2016).

Cosplay (2016): Cosplay – Zwischen zwei Welten. www.youtube.com/watch?v=UNmE3u731_A, 3:10-4:36 (11.04.2016).

Denk, Friedrich (2013): Einfluss von Videospielen auf die Fähigkeiten ihrer Nutzer. In: ZDFinfo: Sind Games verspielte Lebenszeit? https://www.youtube.com/watch?v=U8CNHQV_q08, 10:20-10:24 (12.04.2016).

Gallinat, Jürgen (2012): Interview zum Thema Einfluss durch Computerspiele. In: Deutschlandfunk: Computerspiele verändern das Gehirn. www.diskurs.dradio.de/2012/06/28/computerspiele-verandern-das-gehirn/, 0:15-1:55 (10.05.2016).

DFB (2015): Mitglieder-Statistik 2015. www.dfb.de/fileadmin/_dfbdam/66210-Mitglieder-Statistik_2015.pdf (04.5.2016).

Dittmayer, Matthias (2014): Stigma – Videospiele. Hintergründe und Verlauf der Diskussion über gewaltdarstellende Videospiele in Deutschland. www.stigma-videospiele.de/stigma_v1_003.pdf (12.04.2016).

DOSB (2016): Sportdefinition. www.dosb.de/de/organisation/was-ist-sport/sportdefinition/ (31.03.2016).

ENPE Media (2015a): Bekanntheit von eSports in Deutschland. www.esport-marketing-blog.de/esport-statistik-bekanntheit-in-deutschland (05.04.2016).

ENPE Media (2015b): Fakten über eSports. http://esport-marketing-blog.de/esport-marketing-wachstum-umsatz-zuschauer-15-zahlen-und-fakten-die-sie-kennen-sollten (05.04.2016).

ENPE Media (2016a): Sponsoren Fnatic. www.esport-marketing-blog.de/?s=fnatic (03.05.2016).

ENPE Media (2016b): League of Legends Championships. www.esport-marketing-blog.de/wiki/league-legends-championship-series-lcs (04.05.2016).

ESA (2015): Essential Facts about the Computer and Videogame Industry. www.theesa.com/wp-content/uploads/2015/04/ESA-Essential-Facts-2015.pdf (29.03.2016).

ESL (2015): Kennzahlen zur Electronic Sports League. http://de.statista.com/statistik/daten/studie/261940/umfrage/kennzahlen-zur-electronic-sports-league/ (11.05.2016).

Faculty (2016): Organisationsstruktur. www.faculty.de/ueber-uns/fuer-alle/ (10.5.2016).

Forster, Winnie (2015): Spielekonsolen und Heimcomputer 1972 – 2015. 4. Aufl. Utting.

Fußballgeld (2014): Finanzbilanz Bayern München. http://fussball-geld.de/finanzbilanz-bayern-muenchen/ (10.05.2016).

Gamer FM (2010): Dies ist keine Übung: Gamer FM wird abgeschaltet. www.gamer-fm.de/v4/index.php/news/view?id=3556 (25.04.2016).

Gamoloco (2016): Leading gaming content on Twitch worldwide in March 2016, by number of hours viewed (in millions). www.statista.com/statistics/507786/leading-game-content-twitch-by-number-hours-viewed/ (05.05.2016).

Gorr, Dorian (2016): E-Sports Turniere 2016. http://www.bild.de/spiele/spiele-news/e-sport/esports-termine-2016-44007794.bild.html (09.05.2016).

Grülling, Birk / **Schäfer**, Kathrin (2016): Health Games. Spielen als Theraphie. www.devicemed.de/spielen-als-therapie-a-517937/ (09.05.2016).

Heidemann, Tobias (2012): Warum spielen wir? Eine psychologische Antwort. www.giga.de/spiele/journey/specials/warum-spielen-wir-einepsychologische-antwort/ (02.04.2016).

Hertel, Yannic (2015): Geschichte der virtuellen Realität. www.vrnerds.de/die-geschichte-der-virtuellen-realitaet/ (08.05.2016).

HLS (2016): Suchtkunde. www.hls-online.org/index.php?option=com_content&view=article&id=138:virtuelle-welten&catid=41:suchtkunde (13.04.2016).

Huizinga, Johan (2015): Homo Ludens. Vom Ursprung der Kultur im Spiel. 24. Aufl. Hamburg.

IT-Wissen (2016)**:** Virtuelle Realität. www.itwissen.info/definition/lexikon/Virtuelle-Realitaet-VR-virtual-reality.html (06.04.2016).

Justnetwork (2016): Spielfeldaufbau in League of Legends. www.mmo.justnetwork.eu/files/2012/09/AllgemeinerLoLGuide_TheNHK_01.jpg (03.05.2016).

Kicker (2016): Zuschauerzahlen der 1. Fußball Bundesliga. www.kicker.de/news/fussball/bundesliga/spieltag/1-bundesliga/zuschauer-geschichte.html (04.05.2016).

Knoke, Felix (2015): VR-Brille auf der Achterbahn. Künstliche Welt, echtes Rütteln. www.spiegel.de/netzwelt/gadgets/europa-park-in-rust-achterbahnfahren-mit-vr-brille-a-1054039.html (08.05.2016).

Kopp, R. (2016): Hintergrund: Was ist eSport? www.computerbild.de/artikel/cbs-News-Spiele-eSport-Begriffserklaerung-Definition-6148676.html (04.04.2016).

Kühl, Eike (2016): E-Sports gehören nicht ins Fernsehen. www.zeit.de/digital/games/2016-01/e-sports-fernsehen-activison-mlg-uebernahme (12.05.2016).

Lißner, Marco (2012): Marketingpotential des deutschen eSports. Bachelorarbeit. Mittweida.

Martin-Jung, Helmut / **Tanriverdi**, Hakan / **Huber**, Matthias (2015): Gaming-Branche. Mehr Umsatz als die Bundesliga. www.sueddeutsche.de/digital/gamescom-spielen-ohne-rot-zu-werden-1.2590395 (08.04.2016).

McGonigal, Jane (2012): Besser als die Wirklichkeit! Warum wir von Computerspielen profitieren und wie sie die Welt verändern. München.

MMO Culture (2013): Age of Wushu – Jet Li chats about his gaming experience. www.mmoculture.com/2013/04/age-of-wushu-jet-li-chats-about-his-gaming-experiences/ (05.04.2016).

Möller, Christoph (2014): Gefahreneinstufen digitaler Medien. In: ZDFinfo: Sind Games wirklich nur ein Spiel? www.youtube.com/watch?v=-gRBGWozbDg, 25:37-26:12 (12.04.2016).

Mundt, Florian (2013): Einfluss von Computerspielen auf verbale Fähigkeiten der Nutzer. In: ZDFinfo: Sind Games verspielte Lebenszeit? https://www.youtube.com/watch?v=U8CNHQV_q08, 9:06-9:58 (12.04.2016).

Nezik, Ann-Kathrin (2016): Mit Mann und Maus. In: Spiegel 14/2016, 84-86.

Nufer, Gerd (2011): Sportmarketing - ein Experteninterview mit Prof. Dr. Gerd Nufer. In: ESB Business School der Hochschule Reutlingen www.youtube.com/watch?v=fzc4GioH7u8, 3:19-3:26 (18.04.2016).

Nufer, Gerd / **Bühler**, André (2013a): Marketing und Sport. In: **Nufer, Gerd / Bühler**, André (Hrsg.): Marketing im Sport. Grundlagen und Trends des modernen Sportmarketings. 3. Aufl. Berlin, 7-23.

Nufer, Gerd / **Bühler,** André (2013b): Marketing im Sport. In: **Nufer,** Gerd / **Bühler,** André (Hrsg.): Marketing im Sport. Grundlagen und Trends des modernen Sportmarketings. 3. Aufl. Berlin, 27-59.

Oliver, Andrew / **Oliver,** Philip (2016a): How it all started. www.olivertwins.com/history/page/1 (29.03.2016).

Oliver, Andrew / **Oliver,** Philip (2016b): The Codemasters Years. www.olivertwins.com/history/page/7 (29.03.2016).

Postinett, Axel (2016): E-Sport erreicht neues Level. http://www.handelsblatt.com/unternehmen/it-medien/activision-und-facebook-e-sport-erreicht-ein-neues-level/13585772.html?social=facebook (12.05.2016).

Radio Bayern (2015): Mehr als daddeln- Computerspiele als Studiengang. www.br.de/radio/bayern2/kultur/kulturwelt/e-sportscomputerspielwissenschaften-100.html (31.03.2016).

Reuter, Sebastian (2015): Wie geht Spitzensport am Schreibtisch? www.faz.net/aktuell/sport/mehr-sport/der-esport-ist-fuer-den-dosb-kein-richtiger-sport-13720467.html (02.04.2016).

Riot Games (2016): Ligasystem im eSports. http://eu.lolesports.com/de/artikel/was-ist-die-lcs (20.05.2016).

Schiffer, Sabine (2014a): Gewaltkonfrontation durch digitale Medien. In: ZDFinfo: Sind Games wirklich nur ein Spiel? www.youtube.com/watch?v=-gRBGWozbDg, 15:56-16:48 (12.04.2016).

Schiffer, Sabine (2014b): Suchtpotential in Videospielen. In: ZDFinfo: Sind Games wirklich nur ein Spiel? www.youtube.com/watch?v=-gRBGWozbDg, 28:30-28:57 (12.04.2016).

Schunk, Dirk (2004): Einführung in die Generation: Counter Strike. Das e- und Cyber-Sports-Zeitalter. Wassenberg.

Siegismund, Fabian (2014): Gewaltdarstellung muss nicht sein. In: ZDFinfo (2014): Sind Games wirklich nur ein Spiel? www.youtube.com/watch?v=-gRBGWozbDg, 15:27-15:52 (12.04.2016).

SK Gaming Facebook (2016): Facebook-Profil SK Gaming. www.facebook.com/SKGaming/?fref=ts (05.04.2016).

Spektrum (2014): Ratgeber Computerspielesucht. www.spektrum.de/ratgeber/computerspielsucht/1061393 (05.04.2016).

Spitzer, Manfred (2012): Digitale Demenz. Wie wir unsere Kinder um den Verstand bringen. München.

Sport1 (2016): Rubrik eSports. www.sport1.de/esports (05.04.2016).

Steinlechner, Peter (2013): Spieletrends der kommenden Jahre. www.golem.de/news/ausblick-spieletrends-fuer-die-naechsten-zehn-jahre-1311-102571.html (11.04.2016).

Summoners-Inn (2015): Fnatic schreibt Geschichte. http://www.summoners-inn.de/de/news/30257-fnatic-schreibt-geschichte (10.05.2016).

Summoners-Inn (2016): Offizielle Bestätigung: Schalke 04 in LCS! http://www.summoners-inn.de/de/news/39635-offizielle-bestaetigung-schalke-04-in-lcs (20.05.2016).

Teamliquid (2012): The Definition of eSports. www.teamliquid.net/forum/general/335391-the-definition-of-an-esport (31.03.2016).

Tönges, Kolja (2016): Digitalisierung in der Landwirtschaft. www.computerwoche.de/a/digitalisierung-in-der-landwirtschaft,3226796 (08.05.2016).

Turtle Entertainment (2016): Games als Zuschauersport attraktiv wie nie. www.turtle-entertainment.com/news/games-als-zuschauersport-attraktiv-wie-nie/ (06.05.2016).

USK (2014): Jahresbilanz 2014. www.usk.de/pruefverfahren/statistik/ (13.04.2016).

USK (2016): Prüfverfahren. www.usk.de/pruefverfahren/pruefverfahren/ (13.04.2016).

Veenstra, Christine (2010): Clans und Gilden. Die Kleingartenvereine der virtuellen Welt. www.evangelisch.de/inhalte/99633/26-04-2010/clans-und-gilden-die-kleingartenvereine-der-virtuellen-welt (09.04.2016).

WDR (2015): Der Profi-Gamer. https://www.youtube.com/watch?v=LxThN4IYDmQ, 0:47-1:18 (25.04.2016).

ZDFinfo (2014): Sind Games wirklich nur ein Spiel? www.youtube.com/watch?v=-gRBGWozbDg, 26:57-27:55 (12.04.2016).

ZDFinfo (2015): World of Warcraft. Geschichte eines Kultspiels. www.youtube.com/watch?v=NDDors5NPic, 0:23-1:01 (11.04.2016).

ZDFsport (2011): Reportage eSports – ESL. https://www.youtube.com/watch?v=uMYRMO3zq3g, 3:17-3:48 (25.04.2016).

ZDFkultur (2013): Cosplay. www.youtube.com/watch?v=uqvgjom5wNg, 0:07-1:40 (11.04.2016).

ZDFpresseportal (2012): FTW – For the Win – ZDFkultur überträgt eSports. www.presseportal.zdf.de/pressemitteilung/mitteilung/ftw-for-the-win-zdfkultur-uebertraegt-e-sports/887/select_category/12/seite/63/ (25.04.2016).

League of Legends World Championship Finale 2015

Mercedes Benz Arena Berlin

Quelle: Brainy and Nerdy (2015): League of Legends World Championship 2015. http://brainyand-
nerdy.com/wp-content/uploads/2015/10/League-of-Legends-2015-World-Championship-00003.jpg
(11.05.2016).

Freudenschreie beim Turnier ESL One in Katowice 2015

Fnatic gewinnt das Turnier.

Quelle: ARD (2015): Die Welt des eSport. http://www.sportschau.de/weitere/allgemein/e-sport-ligen-turniere-
100.html (11.05.2016).